Köstliche Saisonküche

Timo Harnisch
Andreas Janke
Andreas Wunsch

Köstliche Saisonküche

Kochen nach den sechs kulinarischen Jahreszeiten

Mit Bildern von Wolfgang Feiler

AUGUSTUS

Inhaltsverzeichnis

Schöpferische Neuzeit

Erwachende Kräuterzeit

Aromen-Hochzeit

März

Mai

Erfrischend heiße Eiszeit

Ertragreiche Buntzeit

Juli

September

In der hinteren Buchklappe finden Sie einen Jahreszeiten-Planer.

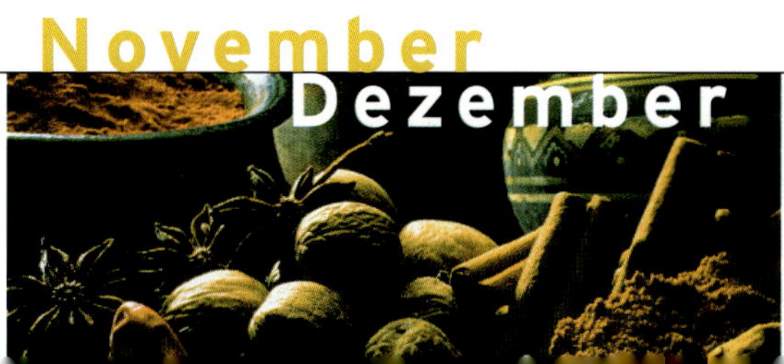

Vorwort

Kochen nach den sechs(?) kulinarischen Jahreszeiten!

Da sind wir wohl eine Erklärung schuldig...

Die vier klassischen Jahreszeiten sind als Zeiträume für Produkte zu lang, um reell und detailliert aufzuzeigen, wann welche Nahrungsmittel ihren geschmacklichen Höhepunkt haben. Deshalb sammelten wir erst einmal die Produkte und die jeweiligen Monate, in denen sie Saison haben. Da es hier oftmals zu zeitlichen Überschneidungen kam, reduzierte sich der angedachte Monatskalender auf ein Kalendarium mit einer Einteilung von sechs Monaten. Und damit waren wir bei den sechs kulinarischen Jahreszeiten gelandet.

Diesen Monaten haben wir neue Namen begefügt, wie zum Beispiel »Erwachende Kräuterzeit« oder »Aromen-Hochzeit«, damit Ihnen, liebe Leserin und lieber Leser, versinnbildlicht wird, was Sie eigentlich erwartet: Wir hoffen, bei Ihnen damit Vorfreude aufs Kochen und Genießen geweckt zu haben.

Natürlich kann man die meisten Produkte auch das ganze Jahr über erhalten. Aber die beste Qualität und ihren einmaligen Geschmack erlangen sie eben nur in den Monaten ihrer ureigentlichen Saison. Zudem kann bei vielen Produkten auch der Preis eine Rolle spielen – so sind Erdbeeren zum Beispiel in ihrer Saison nicht nur am besten, sondern eben auch am preisgünstigsten.

Wir haben außerdem darauf geachtet, dass jedes Produkt entsprechend seiner Art zubereitet und mit den passenden Gewürzen, Kräutern und Beilagen kombiniert wird. Also, das alles in sich stimmig ist.

Auf unserem »Sechs-Jahreszeiten-Plakat« (steckt hinten im Buch) sehen Sie die Produkte in ihrer Saison (auf unsere mitteleuropäische Lage hin ausgerichtet) auf einen Blick. Da es nicht unsere Intention war, den Lauf der Zeit neu zu erfinden, verstehen sich all diese Dinge als Anregung für Ihre eigenen Kreationen in der Küche. Denn wichtig ist: Kochen soll Spaß machen und Essen Freude bereiten.

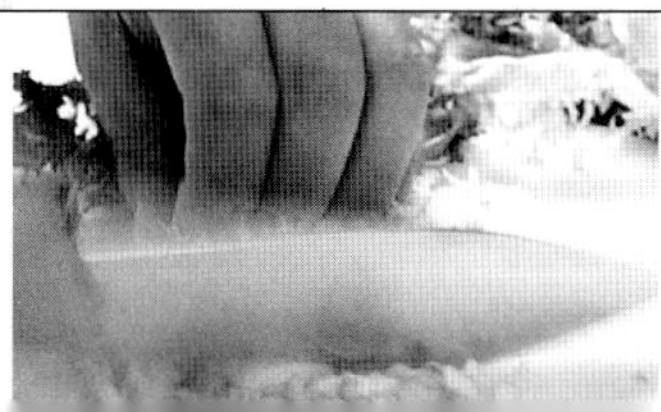

Tauchen Sie ein in den Regelablauf der Natur. Finden Sie heraus, was Ihnen aus den sechs kulinarischen Zeitzonen am besten schmeckt. Kochen Sie zu jeder Zeit sinnvoll, verwöhnend und genießerisch. Entdecken Sie, was für eine große Variationspalette in der Küche möglich ist, und lassen Sie sich verführen von dem Charme der saisonalen Unterschiede.

Natürlich verwenden wir auch Nahrungsmittel, die das ganze Jahr über erhältlich sind, aber ohne an Qualität einzubüßen. Auch hier gilt: »...nur die Furcht zu irren, ist der Irrtum selbst«, denn an erster Stelle steht der Spaß an unserer Passion, dem Kochen.

Unseren Kochstil zu beschreiben ist eher ein schwieriges Unterfangen. Es ist nicht leicht zu erklären, was in einem vorgeht wenn man eine Geschmackskomposition entwirft. Ein Musiker der sich von den Rhythmen verschiedener Kulturen beeinflussen lässt, kann sich auch nicht auf eine einzelne Stilrichtung oder Begrifflichkeit, wie euroasiatisch, französisch, mediterran oder klassisch, festlegen. So ist der mittlerweile etablierte Begriff »Crossover« in der Küchensprache schon fast abgedroschen, denn er beschreibt ein Lebensgefühl, über verschiedene Ansätze eine Brücke zu schlagen und Gewagtes neu zu überdenken, von vielen das Beste herauszusuchen und zu verbinden.

Unser Weg zu einer neuen progressiven »Crossover-Gourmetküche« (oder wie auch immer man sie nennen will) entsteht durch Improvisieren und Kombinieren. Das muss nicht immer nur ernst und tiefgründig zu verstehen sein; es kann durchaus auch humorvoll und lebenslustig dabei zugehen. Benutzen Sie die Produkte, wie ein Maler seine Farben, wie ein Musiker sein Instrument. Ganz nach dem Motto der 6-Jahreszeiten-Küche: »Alles zu seiner Zeit«.

Viel Spaß beim Kochen und Genießen wünschen

Andreas Janke Timo Harnisch Andreas Wunsch

Monate des scheinbaren Stillstands, der Ruhe
und Besinnlichkeit. Auch wenn es nicht
die Zeit der Frischware ist, gibt es Kulinaria,
die sich nicht verstecken brauchen.

Januar

Schöpferische
Neuzeit

Februar

Schöpferische Neuzeit

Januar

Stall und Land

Schlachtfleisch, Geflügel:
Hammel
Wild, Wildgeflügel:
Fasan (bis 15. Januar), Hirsch, Mufflon (Januar), Reh, Wildente (bis 15. Januar), Wildgans (bis 15. Januar), Wildhase (bis 15. Januar), Wildschwein (Januar), Wildtaube, Wildtruthahn

Wasser und Strand

Fisch - Süßwasser:
Flussbarsch (Egli), Karpfen, Saibling, Schleie, Wels (Waller)
Fisch - Salzwasser:
Kabeljau (Dorsch), Knurrhahn, Merlan, Rotbarbe, Rochen, Zackenbarsch
Krusten-, Schal-, Weichtiere:
Auster, Jakobsmuschel, Kaisergranat (Langostino), Kalmar, Königskrabbe, Oktopus, Scheidemuschel, Seeigel, Taschenkrebs, Tintenfisch (Sepia)

Tipp: Einlegen von Trüffeln: Die Trüffeln müssen gut gebürstet und gewaschen werden. Klassische Bügel-Einmachgläser abkochen, zur Hälfte mit den sauberen Trüffeln füllen, mit Wasser und etwas Meersalz aufgießen. Das geschlossene Glas 1,5 Stunden im Wasserbad bei 85 °C pochieren. So eingemachte Trüffel halten lange und schmecken weitaus besser als in Alkohol sterilisierte Trüffeln.

Garten und Beet

Obst:
: Blutorange, Clementine, Feige, Granatapfel, Grapefruit, Orange, Tangarine

Gemüse:
: Artischocke, Grünkohl, Pastinake, Rosenkohl, Schwarzwurzel, Steckrübe, Topinambur

Salat:
: Chicorée, Feldsalat, Gelber Löwenzahn, Radicchio Römischer Salat, Trevisiano, Winterchicorée, Winterportulak

Kräuter:
: Eingelegte und getrocknete Kräuter sowie Pestos aller Art, saisonunabhängige Kräuter

Pilze:
: Goldstielpfifferling, Semmelstoppel (Pied de Mouton), Trüffeln (schwarz)

Sonstiges

Käse:
: Delice de St. Cyr, Fourme d'Ambert, Parmigiano Reggiano, Reblochon, Roquefort, Vacherin Mont d'Or

WER & WIE? WAS & WIESO?

WESHALB & WARUM?

Manche Gäste möchten es ganz genau wissen. Hier ein paar Informationen, die Sie – vielleicht – verblüffen werden.

Artischocke

Sie sind grün, dunkelblau oder violett, rund oder länglich. Die Artischocke wird vor der Blüte geerntet. Essbar ist nur der Blütenboden, mit Ausnahme ganz junger Exemplare, die man im Ganzen verspeisen kann.

Blutorangen

Blutorangen sind Süßorangen deren Fruchtfleisch durch das Pigment Anthocyanin rot gefärbt wird. Die Farbe der Orangenschale gibt keinen Aufschluss über den Reifegrad der Frucht, sondern nur über die Temperatur, in der sie reift. In den Tropen sind alle Orangen grün, nur in kühleren Gebieten bekommen sie ein orange Farbe. Sind sie einmal geerntet, reifen sie nicht nach.

Chicorée

Der zart-bittere Chicorée heißt auch Salatzichorie und ist eine Brüsseler Spezialität. In Belgien werden die Chicoréepflanzen erst im Freien kultiviert. Vier Wochen vor der Ernte werden sie zum Bleichen in beheizten Boden umgesetzt. Zur Familie des Chicorée gehört auch die Endivie.

Fasan

Der Fasan (phasianus colchis) stammt aus der Gegend des Flusses Phasis auf der Insel Kolchis. Phasis war früher der Grenzfluss zwischen Europa und Asien. Heute heißt er Rion und fließt durch Georgien.
Der griechische Held Jason soll ihn von dort mit in seine Heimat gebracht haben. Die Kunde vom Wohlgeschmack des Fasans breitete sich auch im ganzen Römischen Reich aus, so dass das magere und leicht verdauliche Wildgeflügel bald sehr begehrt und beliebt war. Das hat sich bis in unsere Zeit gehalten.
Die etwas kleineren Fasanhennen haben einen feineren Geschmack als die Hähne, sind aber schwer erhältlich. Da die Fasanenbrust sehr mager ist, sollte man sie vor dem Braten mit Speck umwickeln, damit sie nicht zu trocken wird.

Grünkohl

Der sehr vitaminreiche Grünkohl wird auch Krause oder Winterkohl genannt. Die Saison dieses Blattkohls beginnt Ende Oktober und endet im Februar. Die Farbe reicht je nach Jahreszeit von hellgrün bis zu blaugrün. Richtig würzig und süßlich-herb schmeckt der Grünkohl erst nach dem ersten Frost. Grünkohl sollte frisch zubereitet werden.

Pastinaken

Dieses Wurzelgemüse schmeckt leicht süßlich und eignet sich aufgrund seiner Inhaltsstoffe sehr gut für Schonkost oder Babynahrung. Während die Pastinake in Deutschland eher zum einfachen Gemüse zählt, gilt sie in den USA als Delikatesse.

Rosenkohl

Dieses Kohlgewächs mit seinen rosenförmigen Blattsprossen – auch als Brüsseler Kohl bekannt – stammt aus Belgien, wo es schon vor mehr als 100 Jahren gezüchtet wurde. Rosenkohl sollte nicht vor dem ersten Frost geerntet werden, da dieser seinen Geschmack verbessert.

Scheidemuscheln

Die Schalen der Scheidemuschel (Capelunghe) sind schmal, 7 bis 16 cm lang und gerade oder gebogen. Sie sind in fast allen warmen Gewässern beheimatet, hauptsächlich aber in den Tropen. Scheidemuscheln können mit Hilfe ihres Fußes und durch Ausstoßen von Wasser 50 cm weite Sprünge machen und sich bis zu 1 m tief in den Sand eingraben. Nachwuchsprobleme haben Muscheln im Allgemeinen nicht, denn eine Muschel kann 2- bis 3-mal jährlich 5 bis 12 Millionen Eier zur Befruchtung im Wasser ablegen.

Schwarzwurzeln

Schwarzwurzeln, auch Winterspargel genannt, werden 1 bis 2 cm dick und 20 bis 30 cm lang. Wegen der vielen Vitamine und Mineralstoffe sind Schwarzwurzeln sehr gesund. Im Geschmack ähneln sie Spargel, sind jedoch etwas milder und schmecken leicht nussig. Da Schwarzwurzeln nach dem Schälen sehr schnell braun werden, sollten sie sofort in Milch eingelegt werden.

Sherry

Sherry ist einer der berühmtesten Dessertweine Spaniens. Die wichtigsten Rebsorten sind Palomino, Fino, Palominode Jerez und Pedro Ximenez. Die Trauben werden bis zu 13% Alkoholgehalt vergoren, mit Weindestillat gespritet und anschließend für mindestens drei Jahre in Eichenholzfässern gelagert.

Steckrüben

Die Steckrübe, auch Kohlrübe oder Erdrübe genannt, kann kopfgroß und 1,5 Kilogramm schwer werden. Unter der rauen Schale verbirgt sich festes gelbes Fruchtfleisch, das durch seinen hohen Zuckergehalt einen herbsüßen, möhrenähnlichem Geschmack erhält. Steckrüben waren früher ein billiges Nahrungsmittel und haben auch heute noch wenig an Popularität dazugewonnen.

Taschenkrebse

Taschenkrebse kommen hauptsächlich aus dem Atlantik, der Nordsee und dem Mittelmeer. Sie können eine Größe bis zu 25 cm erreichen und ein Gewicht bis zu 1 Kilogramm. Die Fleischausbeute ist meist sehr gering. Im Handel werden sie gekocht oder lebendig angeboten.

Trüffeln

Trüffeln sind Scheibenpilze, die meist an den Wurzeln von Eichen wachsen. Im Spätherbst wittern die feinen Nasen von dafür ausgebildeten Schweinen und Hunden den unvergleichlichen Trüffelduft. Die Périgord-Trüffeln aus Südfrankreich und die weiße Trüffel aus dem Piemont, gelten als die besten. Man sagt Trüffeln auch aphrodisierende Wirkung nach.

Walnussbaklava

Baklava nennt man einen türkischen Kuchen aus Blätterteig, Honig und Nüssen. In unserem Rezept haben wir uns für Walnüsse entschieden. Die Griechen pressten Öl daraus und die Araber lernten von den Persern, eine Walnusspaste zuzubereiten, um Suppen, Ragouts und Desserts damit zu würzen. Für die Römer waren Walnüsse wahre Luxusartikel, die sie zusammen mit Früchten zum Dessert reichten. In Frankreich wurden Walnüsse bereits im Mittelalter gezüchtet.

Wildgeflügel

Zum Wildgeflügel, auch als Federwild bezeichnet, gehören Rebhuhn, Fasan, Wildente, Wachtel und Schnepfe. Das Fleisch des Wildgeflügel ist kräftiger im Geschmack und dunkler in der Farbe als bei Hausgeflügel. Heutzutage kommt das Wildgeflügel kaum noch aus der freien Wildbahn, sondern fast ausschließlich aus der Gehegehaltung. Damit das Fleisch seinen typischen Wildgeschmack bekommt, sollte das Wildgeflügel nach dem Schießen noch einige Tage abhängen.

Fasanenschinken
auf warmem Chicorée-Blutorangen-Salat

Zutaten Fasanenschinken

4 Fasanenkeulen
Salz, schwarzer Pfeffer
6 cl Campari
Pökelsalz
Blutorangensaft
abgeriebene Blutorangenschale
gemahlener Koriander
Nelkenpulver

Fasanenschinken

1 Die Fasanenkeulen sorgfältig von eventuell vorhandenen Federn befreien. Den Knochen auslösen und das Fleisch zwischen zwei Klarsichtfolien plattieren. Mit Salz und Pfeffer würzen.
2 Aus den restlichen Zutaten eine Marinade herstellen und die Keulen darin über Nacht einlegen.
3 Am nächsten Tag jede Keule einzeln aufrollen, erst in Klarsichtfolie, dann in Alufolie einwickeln und die Enden fest zusammendrehen.
4 Die eingewickelten Keulen in einem Topf mit ca. 90 °C heißem Wasser geben und 30 Minuten garen. Den Schinken im Wasser abkühlen lassen.

Zutaten Chicorée-Blutorangen-Salat

4 Blutorangen
2 weiße Chicorée
2 rote Chicorée
60 g Butter
100 ml weißer Portwein
etwas Puderzucker

Chicorée-Blutorangen-Salat

1 Die Blutorangen schälen und filetieren. Die Filets beiseite legen, den Saft aus den Zwischenwänden mit der Hand ausdrücken und auffangen.
2 Den Chicorée in Blätter zerteilen und waschen. In einer Pfanne die Butter zerlassen, die Chicoréeblätter zugeben, mit dem Puderzucker bestreuen und unter Rühren karamellisieren.
3 Mit Portwein und aufgefangenem Orangensaft ablöschen. Die Pfanne vom Herd nehmen und die Blutorangenfilets hinzufügen.

Zutaten Anrichten

gemahlener Koriander

Anrichten

1 Den erkalteten Schinken auspacken und mit der Aufschnittmaschine in dünne Scheiben schneiden.
2 Die warmen Chiccoréeblätter sternförmig mit den Orangenfilets und dem dazugehörigen Fond auf einem Teller anrichten. Die Schinkenscheiben dekorativ darauf legen und mit etwas gemahlenem Koriander bestreuen.

Gebratener Rochenflügel
an gelbem Löwenzahn und Winterportulak mit Topinambur-Pesto-Salat

Zutaten

600 g Topinambur

Salz, schwarzer Pfeffer

1 Glas Pesto aus der Vorratskammer (siehe Seite 37)

100 ml Olivenöl

4 filetierte Rochenflügel à 150 g

Cayennepfeffer

100 g Römersalat

100 g Winterportulak

50 g gelber Löwenzahn

Parmesan

Rochenflügel

1 Den Topinambur wie Kartoffeln waschen, weich kochen, pellen und in Scheiben schneiden. Mit Salz und Pfeffer würzen und das Pesto unterheben.
2 Das Olivenöl erhitzen. Die Rochenflügel mit Salz und Cayennepfeffer würzen, auf jeder Seite 2 Minuten im heißen Öl bei starker Hitze anbraten und auf Küchenpapier abtropfen lassen.
3 Die Salate waschen, abtropfen lassen und dekorativ auf Tellern anrichten. Die Topinamburscheiben und Rochenflügel darauf platzieren. Den Topinambur-Salat-Saft als Dressing darauf träufeln.
4 Mit gehobeltem Parmesan belegt servieren.

Eintopf von eingemachten Bohnen
mit Scheidemuscheln

Zutaten Eintopf

1 kg Scheidemuscheln (ersatzweise Miesmuscheln oder Teppichmuscheln)

1 Möhre

100 g Sellerie

1/2 Stange Lauch

4 EL Olivenöl

200 ml Weißwein

800 ml Fischfond

2 cl Pernod

400 g eingemachte Bohnen (Buschbohnen, Brechbohnen oder Bohnenkerne)

(eingemachte Bohnen siehe Rezept Seite 89)

eventuell einige Safranfäden

Salz, weißer Pfeffer

50 g Butter

Eintopf von eingemachten Bohnen

1 Die Muscheln von Algen befreien, waschen und offene Muscheln aussortieren.
2 Möhre, Sellerie und Lauch putzen und in feine Streifen schneiden.
3 Das Olivenöl in einen Topf stark erhitzen. Die Muscheln im Olivenöl kurz anbraten und mit Weißwein ablöschen. Den Fischfond, Pernod, die eingelegten Bohnen und die Gemüsestreifen nacheinander zugeben, ca. 3 Minuten garen, bis alle Muscheln geöffnet sind, und durch ein feines Sieb gießen.
4 Den Fond dabei in einem Topf auffangen, nochmals aufkochen, mit Salz, Pfeffer und bei Bedarf Safran abschmecken. Die kalte Butter zugeben und den Fond mit einem Schneebesen aufschlagen.
5 Die Muscheln und das Gemüse in tiefen Tellern anrichten und den heißen, aufgeschäumten Fond angießen.

Zutaten

1 Eigelb

200 ml Olivenöl

Senf

Zitronenschale

Paprikapulver

Salz

Pfeffer

1 Kartoffel

1 Knoblauchzehe

Variation

Dazu passt auch eine Sauce Rouille, eine Knoblauchmayonnaise, die mit einer gekochten und zerdrückten Kartoffel und etwas edelsüßem Paprikapulver abgeschmeckt wird.
1 Eigelb verschlagen, 200 Milliliter Olivenöl tröpfchenweise einrühren und mit Senf, abgeriebener Zitronenschale, Paprikapulver, Salz und Pfeffer würzen.
1 gekochte und zerdrückte Kartoffel in die Mayonnaise einarbeiten und gehackten Knoblauch nach Geschmack zugeben.

Tipp 1: Hierzu kann man in Olivenöl geröstete Weißbrotscheiben reichen, die mit grüner oder schwarzer Olivenpaste (Tapenade) bestrichen noch besser schmecken.
Tipp 2: Der Eintopf lässt sich mit einlegten Artischocken oder Paprika, gebratenen Tintenfischen, marinierten Rotbarbenstücken und vielem anderen noch verfeinern.

Gelierte Wildgeflügelessenz
mit Lebermousse

Zutaten Wildgeflügelfond

1 kg Karkassen von Wildgeflügel

1 Zwiebel

2 Möhren

100 g Sellerie

1 Stange Lauch

2 EL Olivenöl

3 Pfefferkörner

1 Lorbeerblatt

2 Pimentkörner

3 Zweige Thymian

Salz, schwarzer Pfeffer

Zutaten Geklärter Geflügelfond

400 g Wildgeflügelfleisch (Keulen, Flügel)

1 Möhre

50 g Sellerie

1/2 Stange Lauch

5 Eiweiße

vorbereiteter Geflügelfond

Zutaten Geflügel-essenz-Gelee

12 Blatt weiße Gelatine

1 l Geflügelessenz

Zutaten Lebermousse

300 ml Wildgeflügelessenz

100 g Gänsestopfleber

300 g Sahne

1 cl weißer Portwein

Salz, weißer Pfeffer

3 Blatt Gelatine

vorbereitetes Geflügelessenz-Gelee

Wildgeflügelfond

1 Die Karkassen und das Gemüse in Stücke schneiden. Aus einigen Gemüsen Rauten zur Dekoration schneiden. Das Olivenöl erhitzen und die Stücke darin hellbraun anbraten. Mit 3 Liter Wasser aufgießen und langsam aufkochen. Den Schaum und das Fett, das sich beim Kochen bildet, abschöpfen.

2 Nach dem Aufkochen die Temperatur auf schwache Hitze reduzieren und 1 Stunde kochen. Immer wieder Schaum und Fett abschöpfen.

3 Die Gewürze zugeben und nochmals 15 Minuten garen. Den Fond durch ein Sieb gießen und mit Salz und Pfeffer abschmecken. Der Fond kann auch schon einige Tage vorher zubereitet werden.

Geklärter Geflügelfond

1 Das Fleisch und das geschälte und geputzte Gemüse durch einen Fleischwolf drehen. Die Eiweiße mit einem Schneebesen leicht anschlagen und mit der Fleisch-Gemüse-Mischung vermischen.

2 Die Klärmischung in einem Topf unter den kalten Geflügelfond rühren. Langsam aufkochen. Dabei solange rühren, bis das Eiweiß zu stocken beginnt. Danach nicht mehr rühren, da sonst die Brühe wieder trüb wird. 30 Minuten bei schwacher Hitze kochen. Anschließend durch ein Tuch passieren.

Geflügelessenz-Gelee

1 Die Gelatine ca. 3 Minuten in kaltem Wasser einweichen, ausdrücken, in die noch warme Geflügelessenz einrühren und kalt stellen.

2 Wenn die Geflügelessenz fest ist, die Hälfte für die Garnitur durch eine Spätzlespresse drücken. Das restliche Gelee für die Lebermousse verwenden.

Lebermousse

1 Die Geflügelessenz aufkochen und auf 100 Milliliter reduzieren. Die Leber klein schneiden, mit 100 Gramm Sahne und dem Portwein in die Essenz geben und erwärmen. Mit Salz und Pfeffer würzen. Mit einem Küchenmixer pürieren und durch ein Sieb streichen.

Tipp: Die mit Salz, Pfeffer und rotem Portwein abgeschmeckte Geflügelessenz kann auch heiß in einer Tasse als Suppe serviert werden.

2 Die Gelatine ca. 3 Minuten in kaltem Wasser einweichen, ausdrücken, in dem noch warmen Leberpüree auflösen und abkühlen lassen.
3 Die restliche Sahne steif schlagen. Wenn das Leberpüree abgekühlt ist, die geschlagene Sahne unterheben, die Lebermousse in eine Schale mit 3 cm hohem Rand abfüllen und kalt stellen.
4 Die gelierte Geflügelessenz leicht erwärmen und über die Mousse gießen, damit ein Geleespiegel entsteht. Mindestens 2 Stunden kalt stellen.

Anrichten

Jeweils mit einem Esslöffel 3 Nocken pro Portion von der Mousse abstechen und auf Teller setzen. Das zerdrückte Gelee darum herum verteilen. Als Garnitur kann Feldsalat und in Streifen geschnittener roter Chicorée verwendet werden.

Ochsenbacken in Rotwein geschmort
mit Trüffelpüree, gefülltem Rosenkohl und Artischockenchips

Zutaten Ochsenbacken

1,6 kg Ochsenbacken
2 Zwiebeln
4 Schalotten
3 Möhren
100 g Sellerie
2 l Rotwein
2 Nelken
2 Lorbeerblätter
10 Pfefferkörner
4 Wacholderbeeren
Salz, schwarzer Pfeffer
4 EL Olivenöl
2 EL Tomatenmark
1 l braune Grundsauce (siehe Grundrezepte Seite 164)
eventuell 1–2 TL Speisestärke

Ochsenbacken

1 Die Ochsenbacken am besten einige Tage vorher beim Metzger bestellen. Die Backen sorgfältig von Sehnen und Fett befreien und in 2 cm große Stücke schneiden.
2 Die Zwiebeln und Schalotten abziehen, Möhren und Sellerie schälen und grob würfeln.
3 Den Rotwein mit Gemüse und Gewürzen in einem Topf aufkochen. Abkühlen lassen, die Fleischwürfel zugeben und 24 Stunden kühl stellen. Nach 12 Stunden das Fleisch einmal wenden.
4 Das Fleisch und das Gemüse aus dem Sud nehmen. Den Sud aufkochen und den aufsteigenden Schaum abschöpfen.
5 Das Fleisch mit Salz und Pfeffer würzen. Das Olivenöl in einem Topf erhitzen und das Fleisch darin goldbraun anbraten. Aus dem Topf nehmen.
6 Das Gemüse in den Topf geben und anbraten. Das Tomatenmark zugeben und anrösten. Mit etwas Rotweinsud ablöschen und einkochen. Diesen Vorgang 2- bis 3-mal wiederholen.
7 Mit der Grundsauce und dem restlichen Rotweinsud aufgießen und bei schwacher Hitze kochen. Die Ochsenbacken wieder dazugeben und ca. 1 Stunde schmoren.
8 Wenn die Backen weich sind, mit einer Gabel aus der Sauce ausstechen. Die Sauce mit Salz und Pfeffer würzen und gegebenenfalls mit Speisestärke abbinden. Durch ein feines Sieb gießen.
9 Zum Servieren das Fleisch in der Sauce nochmals erwärmen.

Zutaten Trüffelpüree

800 g Kartoffeln
Salz
200 ml Milch
100 g Sahne
1 Trüffel
50 g Trüffelbutter
weißer Pfeffer

Trüffelpüree

1 Die Kartoffeln schälen, würfeln und in Salzwasser weich kochen. Abgießen und ausdampfen lassen. Die Kartoffeln durch eine Kartoffelpresse drücken. 3 Esslöffel für den Rosenkohl abnehmen und beiseite stellen.
2 Milch und Sahne erwärmen. Den Trüffel in feine Würfel schneiden und mit der Trüffelbutter hinzufügen. In die heiße Kartoffelmasse einrühren, bis ein glattes Püree entsteht. Mit Salz und Pfeffer abschmecken. Bis zum Anrichten abgedeckt warm stellen.

Artischockenchips

1 Den Boden der Artischocke mit einem scharfen Messer auslösen und in Zitronenwasser legen. Mit der Aufschnittmaschine hauchdünne Scheiben schneiden und mit Küchenpapier trockentupfen.

2 Das Öl in einer Fritteuse auf 180 °C erhitzen und die Artischockenscheiben darin kurz frittieren. Auf Küchenpapier abtropfen lassen. Mit Salz würzen und zur Garnitur bereitstellen.

Zutaten
Artischockenchips

1 Artischocke

1 EL Zitronensaft

3 l Öl zum Frittieren

Salz

Zutaten Gefüllter Rosenkohl

600 g Rosenkohl
Salz
1 Schalotte
50 g geräucherter Bauchspeck
200 g Sahne
3 EL zerdrückte Kartoffeln
schwarzer Pfeffer
Muskat
Zucker
100 ml Brühe (siehe Grundrezepte Seite 164)
1 EL Butter

Gefüllter Rosenkohl

1 Den Rosenkohl waschen und die äußeren Blätter entfernen. Die Röschen in kochendem Salzwasser 6 bis 8 Minuten blanchieren. In Eiswasser abschrecken, damit sie ihre grüne Farbe behalten.
2 Die äußeren 5 bis 6 Blätter nach außen rollen und das Innere mit einem Kugelausstecher herausstechen. Die Außenblätter wieder schließen.
3 Die Schalotte abziehen und würfeln. Den Speck in kleine Würfel schneiden und beides anbraten. Die entfernten Rosenkohlteile zugeben und mit der Sahne aufgießen. Kurz kochen, die zerdrückten Kartoffeln hinzufügen und mit einem Schneidestab pürieren. Mit Salz, Pfeffer, Muskat und Zucker abschmecken. Bei Bedarf noch etwas Sahne zugeben.
4 Das Püree in einen Spritzbeutel füllen und in den ausgehöhlten Rosenkohl füllen.
5 Den Rosenkohl in einen Topf setzen und zum Anrichten mit Brühe und Butter zugedeckt erwärmen.

Anrichten

Das warmgestellte Trüffelpüree aufrühren, in einen Spritzbeutel füllen und einen großen Dreiecksrand auf jeden Teller spritzen. In dieses Dreieck die heißen Ochsenbacken geben und mit der Sauce aufgießen. Den gefüllten Rosenkohl auf die Ecken verteilen und die Artischockenchips außen herum platzieren.

Zutaten Rucola- oder Radicchioöl

200 g Rucola oder Radicchio
400 ml Olivenöl

Variante: Rucola- oder Radicchioöl

Als Alternative zum klassischen Trüffelpüree bieten sich Radicchio- oder Rucola-Schupfnudeln an.
Den Rucola von den Stielen befreien bzw. den Radicchio in Blätter zerteilen und mit dem Olivenöl pürieren.

Zutaten Schupfnudeln

250 g Kartoffeln
Salz
4 Eigelbe
200 g Mehl
50 g Speisestärke

Schupfnudeln

1 Die Kartoffeln waschen, schälen und in kleine Stücke schneiden. In Salzwasser weich kochen, abgießen, ausdampfen lassen und noch heiß durch eine Kartoffelpresse drücken.
2 Eigelbe, Stärke, Mehl und die Hälfte des Rucola- oder Radicchioöls zugeben und zu einem glattem Teig verarbeiten. Wenn der Teig zu weich ist, noch etwas Mehl zugeben.
3 Aus dem Teig Schupfnudeln formen und in sprudelnd kochendes Salzwasser geben. Aufkochen lassen, vom Herd nehmen und 8 bis 10 Minuten ziehen lassen, bis die Schupfnudeln oben schwimmen. Mit kaltem Wasser abschrecken und abtropfen lassen.
4 Das restliche Rucola- oder Radicchioöl erhitzen und die Schupfnudeln darin goldgelb braten.

Tipp: Rucola- oder Radicchioöl kann bereits vorher zubereitet werden und im Kühlschrank in Einweckgläsern gelagert werden. Da sich Helligkeit negativ auf die Farbe der Öle auswirkt, die Gläser in Aluminiumfolie einwickeln.

Kalbstafelspitz mit Bouillonkartoffeln,
Pastinaken und Steckrüben

Zutaten Tafelspitz

1 Möhre

1 Lauch

1/2 Knolle Sellerie

Petersilienstiele (falls vorhanden)

6 Pfefferkörner

1 Lorbeerblatt

Salz, schwarzer Pfeffer

1 kg Kalbstafelspitz

Zutaten Bouillonkartoffeln, Pastinaken und Steckrüben

4 Pastinaken

1/2 Steckrübe

4 Kartoffeln

500 ml Tafelspitzbrühe (siehe oben)

1 EL Butter

Zutaten Meerettich-Brot-Sauce

2 Schalotten

1 EL Butter

50 g frischer Meerettich (ersatzweise aus dem Glas)

250 ml Tafelspitzfond (vorzugsweise der Fond, in dem das Gemüse gekocht wurde)

2 Toastbrotscheiben

Salz, weißer Pfeffer

250 g Sahne

Tafelspitz

1 Das Gemüse schälen und klein schneiden. Mit den Gewürzen in 3 Liter Wasser aufkochen. Den Tafelspitz zugeben und darin 1 bis 1,5 Stunden bei schwacher Hitze ziehen lassen.

2 Nach 1 Stunde die Garprobe machen: Mit einer Fleischgabel ins Fleisch stechen und anheben, gleitet der Tafelspitz leicht wieder von der Gabel, ist das Fleisch fertig.

3 Den Tafelspitz aus dem Fond nehmen und bis zum Anrichten in Alufolie warm halten. Den Fond zur späteren Verwendung bereit halten.

Bouillonkartoffeln, Pastinaken und Steckrüben

Die Pastinaken, Steckrübe und Kartoffeln schälen, mit einem Parisienne-Ausstecher (Kugelausstecher) 1 cm große Kugeln ausstechen und in der Tafelspitzbrühe mit Butter in ca. 10 Minuten weich kochen.

Meerettich-Brot-Sauce

1 Die Schalotten abziehen und fein würfeln. Die Butter erhitzen und die Schalotten darin andünsten. Den Meerrettich schälen, fein reiben und zu den Schalotten geben. Mit dem Fond ablöschen.

2 Das Toastbrot entrinden, in Würfel schneiden und zugeben. Ca. 10 Minuten kochen. Mit Salz und Pfeffer würzen. Die Sahne hinzufügen und mit einem Schneidstab zu einer feinen Sauce pürieren.

Anrichten

Das Fleisch gegen die Faser in Scheiben schneiden und in der Tellermitte anrichten. Das Gemüse darum herum verteilen und mit der Sauce umgießen. Als Garnitur kann frittiertes Gemüse verwendet werden. (Rezept siehe Seite 54)

Tipp 1: Diese Sauce passt hervorragend zu jedem gekochten Fleisch.
Tipp 2: Dieses Gericht kann auch mit Tafelspitz vom Rind zubereitet werden.

Kalbsfilet mit Fourme d'Ambert
und Nüssen im Blätterteig gebacken an weißer Portweinsauce

Zutaten Kalbsfilet

4 Scheiben Kalbsfilet à 120 g

Salz, weißer Pfeffer

2 EL Olivenöl

200 g Fourme d'Ambert (französischer Blauschimmelkäse)

50 g gemischte Nüsse, gehackt

1 EL Paniermehl

1 EL Pesto

250 g Blätterteig (TK-Ware)

2 Eigelbe

Kalbsfilet

1 Die Kalbsfiletstücke mit Salz und Pfeffer würzen. Das Olivenöl erhitzen und das Fleisch auf beiden Seiten anbraten.

2 Den Fourme d'Amber würfeln und mit den gehackten Nüssen, Paniermehl und Pesto vermischen. Aus dem Blätterteig 4 Quadrate mit einer Kantenlänge von 25 cm ausschneiden.

3 Den Backofen auf 180 °C (Gas Stufe 2–3, Umluft 160 °C) vorheizen. Die Fourme-d'Amber-Masse gleichmäßig auf den Kalbsfilets verteilen und diese auf 4 Blätterteigquadrate setzen. Die Ränder mit Eigelb bestreichen und die Ecken über dem Fleisch zusammenklappen (Papstmütze). Nochmals mit Eigelb bestreichen und im heißen Ofen 10 bis 15 Minuten backen.

Zutaten Portweinsauce

4 Schalotten

50 g kalte Butter

1 EL Honig

500 ml weißer Portwein

50 g Crème fraîche

Salz, schwarzer Pfeffer

1 EL Trüffelbutter

Portweinsauce

1 Die Schalotten abziehen und in Ringe schneiden. 1 Esslöffel Butter erhitzen und die Schalotten darin andünsten. Den Honig zugeben, mit dem Portwein ablöschen und auf die Hälfte einkochen. Crème fraîche einrühren, die kalte Butter unterziehen und mit einem Mixstab aufschlagen.

2 Die Sauce durch ein Sieb streichen und mit Salz und Pfeffer abschmecken. Vor dem Servieren mit der Trüffelbutter montieren.

Glasiertes Gemüse

Unter Glasieren versteht man das Überglänzen von Gemüse im eigenen Saft unter Verwendung von Butter und Brühe.

1 Das Gemüse putzen, waschen, schälen und in Form schneiden (tournieren).

2 Die Butter zerlassen, das Gemüse zugeben, mit dem Zucker bestreuen und mit der Brühe ablöschen. Mit Salz und Pfeffer würzen. Zugedeckt bis zur gewünschten Bissfestigkeit dünsten. Ab und zu umrühren und gegebenenfalls etwas Brühe nachgießen.

Zutaten Glasiertes Gemüse

500 g Gemüse z. B. Möhren, Sellerie, Lauch, Pastinaken oder Zucchini

30 g Butter

100 ml Geflügelbrühe (Rezept siehe Grundrezepte Seite 164)

1 EL Zucker

Salz, weißer Pfeffer

Anrichten

Das Kalbsfilet im Blätterteig in die Tellermitte setzen, das Gemüse rund herum verteilen und die Sauce zwischen Gemüse und Blätterteig angießen.

Tipp 1: Wenn Gemüse mit etwas weicherer Konsistenz, wie z. B. Zucchini, mit festerem Gemüse verwendet wird, muss man die unterschiedlichen Garzeiten beachten. Tipp 2: Für eine besondere Note kann das Gericht mit einem Balsamicoessig bester Qualität, mindestens 8 Jahre alt, beträufelt werden.

Gebackene Weinbrandkirschen
mit Walnussbaklava und Eier-Kirsch-Likör

Zutaten Weinbrandkirschen

200 g Puderzucker

500 ml Weinbrand

1 kg Kirschen

Zutaten Weinbrandkirschen im Backteig

1 Ei

125 g Mehl

125 ml Weißwein

Salz

16 Weinbrandkirschen

500 ml Sonnenblumenöl zum Frittieren

4 EL Puderzucker

1 TL Zimt

Zutaten Eier-Kirsch-Likör

450 g Zucker

500 ml Milch

8 Eigelbe

250 ml Kirschwasser oder Weinbrand der Kirschmarinade

Zutaten Walnussbaklava

1 Pck. Fillo-Blätterteig (in türkischen Lebensmittelgeschäften erhältlich)

6 EL Honig

100 g grob gehackte Walnüsse

Zutaten Füllung und Anrichten

400 g Sahne

etwas Kirsch-Eier-Likör

Zimt-Puderzucker

gehackte Walnüsse

Weinbrandkirschen

Den Puderzucker im Weinbrand auflösen und die gewaschenen Kirschen mit Stiel und Kern einlegen. Die Kirschen müssen mit Weinbrand bedeckt sein. In einem fest schließendem Gefäß (z. B. Tontopf) an einem dunklen, kühlen Ort mindestens 1 Monat ziehen lassen.

Weinbrandkirschen im Backteig

1 Das Ei trennen. Das Mehl mit dem Weißwein glatt rühren. Salz und Eigelb zugeben. Das Eiweiß steif schlagen und unterheben.

2 Die Weinbrandkirschen entsteinen und am Stil in den Weinteig tauchen. Das Öl auf 180 °C erhitzen und die Kirschen darin ausbacken. Auf Küchenpapier abtropfen lassen.

3 Den Puderzucker mit dem Zimt vermischen und die Weinbrandkirschen damit bestreuen.

Walnussbaklava

Den Backofen auf 200 °C (Gas Stufe 3–4, Umluft 180 °C) vorheizen. Aus dem Blätterteig ca. 20 kleine Dreiecke schneiden. Die Dreiecke mit Honig bestreichen und mit den gehackten Walnüssen bestreuen. Im heißen Ofen backen, bis die Baklava beginnen zu karamellisieren und goldgelb zu werden.

Eier-Kirsch-Likör

300 Gramm Zucker mit der Milch aufkochen und erkalten lassen. Den restlichen Zucker mit den Eigelben schaumig rühren. Das Kirschwasser zugeben, aufschlagen und unter die erkaltete Milch mischen.

Füllung und Anrichten

1 Die Sahne mit etwas Kirsch-Eier-Likör steif schlagen. Die karamellisierten, kalten Nuss-Dreiecke bis auf 4 damit bestreichen und zu vier kleinen Türmchen stapeln. Die unbehandelten Baklava als Deckel auf die Türme setzen.

2 Den restlichen Kirsch-Eier-Likör als Saucenspiegel auf Teller gießen. Die Walnussbaklava in der Mitte der Tellers anrichten und die gebackenen Weinbrandkirschen darum herum verteilen. Den Teller mit Zimt-Puderzucker und Walnüssen bestreuen.

Roquefort mit Radicchio Trevisano
und Sherry-Zitrusfrüchten

Zutaten Zitrusfrüchte

4 verschiedene Zitrusfrüchte, z. B. Orange, Pampelmuse, Klementine, Zitrone oder Mandarine

2 EL brauner Zucker

200 ml Sherry Fino

Zutaten Roquefort mit Radicchio Trevisiano

100 ml Sherry Fino

100 ml Olivenöl

100 ml Sherryessig

Einlegeflüssigkeit der Zitrusfrüchte

Salz, weißer Pfeffer

100 g Radicchio Trevisiano

400 g Roquefort

Zutaten Anrichten

frisch gemahlener schwarzer Pfeffer

Zitrusfrüchte

Die Zitrusfrüchte schälen und filetieren. Den Saft aus den Zwischenwänden mit der Hand auspressen und mit Zucker und Sherry zu einer Marinade verrühren. Die Filets 24 Stunden in der Marinade einlegen.

Roquefort mit Radicchio Trevisiano

1 Sherry, Olivenöl, Sherryessig und Einlegeflüssigkeit der Zitrusfrüchte vermischen, mit dem Schneidstab aufschlagen und mit Salz und weißem Pfeffer abschmecken.

2 Den Radicchio in Blätter zerteilen, in lauwarmem Wasser waschen und abtropfen lassen. Den Roquefort in 1 cm große Würfel schneiden und mit dem Radicchio und dem Sherrydressing in einer großen Schüssel mischen.

Anrichten

Den Salat in die Tellermitte setzen und mit den Zitrusfrüchten umlegen. Den Teller mit grobem schwarzen Pfeffer aus der Mühle bestreuen.

Tipp: Nicht nur als Käsegericht nach dem Essen geeignet, sondern auch als leichte Vorspeise.

Vacherin Mont d'Or
mit Trüffelöl und Pellkartoffeln

Dieser Kuhmilchkäse aus dem Kanton Waadt in der Schweiz passt hervorragend in unsere »Schöpferische Neuzeit«. Mit Freunden den cremig-würzigen Vacherin genießen ist immer ein Ereignis, ganz besonders an kalten Januarabenden. Etwas gutes Trüffelöl und Pellkartoffeln, Gewürzcornichons oder eingelegte Kürbisstückchen und Perlzwiebeln dazu schmecken ausgezeichnet. Schwarzer Pfeffer frisch aus der Mühle darf auch nicht fehlen.

Zutaten eingelegtes Gemüse

1,5 kg Gemüse

8 EL Essigessenz, 25 %

650 g Zucker

100 g Waldhonig

2 Zimtstangen

10 Kardamomkapseln

5 Sternanis

1 TL Salz

abgeriebene Schale von 1 Orange

abgeriebene Schale von 1 Limette

Winterlich eingelegtes Gemüse

Das Gemüse (Cornichons, Perlzwiebeln, Kürbis) sollte man schon im Spätsommer/Herbst einlegen.

1 Die Gemüse je nach Art vorbereiten (waschen, schälen, schneiden, usw.). Die restlichen Zutaten mit 1 Liter Wasser aufkochen und bei schwacher Hitze 10 Minuten ziehen lassen.

2 Das Gemüse zugeben und bissfest kochen. Mit der Kochflüssigkeit in sterile Einmachgläser einfüllen. Den Deckel mit dem Bügel fest verschließen und nochmals 10 Minuten im Wasserbad kochen.

3 Die Einmachgläser aus dem Wasser nehmen und 20 Minuten abkühlen lassen. Auf den Kopf stellen und vollständig auskühlen lassen. Die Gläser sollten auch geschlossen bleiben, wenn man den Bügel entfernt. Nur dann sind sie mehrere Monate haltbar.

Tipp: Es lohnt sich, etwas Eingemachtes im Haus zu haben, anstatt alles einzufrieren. Eine alte Notwendigkeit wird neu entdeckt. Vielleicht hat Oma noch einige ihrer Rezepte auf Lager.

Baumkuchen-Mohneis-Terrine
mit eingelegten Feigen

Zutaten Baumkuchen

6 Eier
125 g Butter
150 g Zucker
75 g Mehl
75 g Speisestärke

Zutaten Eingelegte Feigen

8 Feigen
100 ml Johannisbeersaft
2 cl Cassis
1 EL Zitronensaft
1 EL Waldhonig

Zutaten Mohneis-Masse

100 g Mohn
1 Vanilleschote
100 ml Milch
4 Eigelbe
2 Eier
100 g Zucker
500 g Sahne

Baumkuchen

1 Die Eier trennen. 100 Gramm Butter und Zucker schaumig schlagen. Die Eigelbe nach und nach zugeben. Mehl und Stärke sieben, vermischen und unter den Teig heben.

2 Die Eiweiße mit dem restlichen Zucker steif schlagen und vorsichtig unter die Teigmasse ziehen.

3 Den Backofen auf 220 °C mit Oberhitze vorheizen. Ein Backblech mit Backpapier auslegen, einen Teil des Teigs dünn aufstreichen und im heißen Ofen backen, bis der Teig oben braun wird.

4 Darauf eine weitere dünne Schicht Teig streichen und braun backen. Diesen Vorgang wiederholen, bis der Teig verbraucht ist und ein ca. 3 cm hoher Kuchen entstanden ist.

5 Den Kuchen abkühlen lassen und mit einer Aufschnittmaschine in 2 mm dicke Scheiben schneiden.

Mohneis-Masse

1 Den Mohn fein mahlen. Das Mark der Vanilleschote herauskratzen. Mohn und Vanillemark mit der Milch 10 Minuten kochen.

2 Eigelbe, Eier und Zucker über einem Wasserbad bei ca. 70 °C aufschlagen und in einem kalten Wasserbad unter Rühren auf 10 °C abkühlen.

3 Die Sahne steif schlagen und mit der abgekühlten Mohnmilch unter die Eimasse heben.

Eingelegte Feigen

Die Feigen schälen und in Spalten schneiden. Johannisbeersaft, Cassis, Zitronensaft und Waldhonig mit einem Schneebesen verrühren, über die Feigenspalten gießen und ca. 2 Stunden ziehen lassen.

Tipp: Die schönsten Feigenscheiben auf ein Backpapier legen und mit Zucker bestreuen. Bei 200 °C im Backofen karamellisieren lassen.

Eisterrine

Eine längliche Terrinenform mit Klarsichtfolie auslegen. Die Form mit Baumkuchenscheiben auslegen, so dass ein Baumkuchenmantel entsteht. Die Mohneis-Masse einfüllen und mit Kuchenscheiben abdecken. Die Eisterrine mindestens 4 Stunden tiefkühlen.

Anrichten

Die Eisterrine aus der Form stürzen, in 3 cm dicke Scheiben schneiden und in die Tellermitte stellen. Die eingelegten Feigen um die Terrine legen und mit der Marinierflüssigkeit beträufeln.

Mit Kräutern und Pflanzen zu würzen
ist die natürlichste Art den Eigengeschmack
von Speisen abzurunden und zu ergänzen.
Viele Gerichte erhalten einen unverwechselbaren
Charakter, nicht nur in der mediterranen Küche.

März

Erwachende Kräuterzeit

April

Erwachende Kräuterzeit

März

Stall und Land

Schlachtfleisch, Geflügel:
Milchlamm, Spanferkel, Stubenküken, Zicklein
Wild, Wildgeflügel:
Möweneier, Schnepfe, Wildtaube

Wasser und Strand

Fisch – Süßwasser:
Bachforelle, Flussbarsch (Egli), Saibling, Wels (Waller), Zander
Fisch – Salzwasser:
Kabeljau (Dorsch), Knurrhahn, Merlan, Pollack, Rochen, Rotbarbe, Zackenbarsch
Krusten-, Schal-, Weichtiere:
Auster, Jakobsmuschel, Hummer, Kaisergranat (Langostino), Kalmar, Languste, Oktopus, Seeigel, Teppichmuschel, Tiefseegarnele, Tintenfisch (Sepia), Venusmuschel

Garten und Beet

Obst:
Saisonunabhängiges Obst, Importe von schwankender Qualität
Gemüse:
Algenspitzen (Passe Pierre), Farnsprossen (Geigenköpfe), Frühlingszwiebeln, Frühspinat, Hopfensprossen, Kaiserschoten, neue Kartof-

Tipp: Ab dem Monat April bis in den August hinein kann man sämtliche Kräuter trocknen und einlegen.

feln, junger Knoblauch, Kohlrabi, junger Lauch, Möhren mit Grün, Radieschen, Rhabarber, Stängelkohl (Rapa), Staudensellerie, violetter Spargel

Salate:
: Chicoree, Frühportulak, grüner Löwenzahn, Mesclin (Schnittsalat), Radicchio, Römischer Salat

Kräuter:
: Bärlauch, Basilikum, Borretsch, Brunnenkresse, Estragon, Kerbel, Koriandergrün, Majoran, Oregano, Petersilie, Pfefferminze, Pimpinelle, Sauerampfer, Sauerklee, Schnittlauch, Zitronenmelisse

Essbare Blüten:
: Borretsch, Gewürztagetes, Goldmelisse, Heckenrose, Knoblauch, Lavendel, Orange, Ringelblume, Rose, Salbei, Senf, Sumpfdotter, Stiefmütterchen, Veilchen, usw.

Pilze:
: Mairitterling, Morchel, Schopftintling

Sonstiges

Käse:
: Crottin de Chavignol, Gorgonzola, Pierre Robert, Tête de Moine, Tomme Vaudoise

Getrocknete Kräuter:
: Die Kräuter am Stängel aufhängen oder die Blätter abzupfen und auf flachen Blechen zum Trocknen ausbreiten. In Frischhaltedosen aufbewahrt sind sie über Monate hinweg haltbar.

Kräuteröl:
: Schöne Zweige eines oder mehrerer Kräuter in ein Flasche stecken und mit gutem Oliven- oder Traubenkernöl auffüllen. Die Kombination mit Knoblauch, Zitronengras, Chilis oder Ingwer bringt weitere neue geschmackliche Überraschungen. Die Kräuter und Gewürze müssen immer mit Öl bedeckt sein, da sie sonst schnell verderben. Das Öl ist schon nach 2 Wochen für Salate, zum Braten und Marinieren von Fisch und Fleisch verwendbar.

Kräuterpesto:
: Pesto kann man nicht nur mit Basilikum, sondern auch mit anderen Kräutern, einzeln oder gemischt, herstellen. Wichtig ist gutes Olivenöl, das man mit etwas Balsamicoessig säuert, um darin die fein gehackten Zutaten zu marinieren. Die klassische Variante besteht aus Basilikum, Parmesan, gerösteten Pinienkernen, Knoblauch, Meersalz und schwarzem, geschrotetem Pfeffer. Der Begriff »Pesto« stammt aus dem Italienischen und bedeutet soviel wie »gestoßen« oder »zerrieben«.

WER & WIE? WAS & WIESO?
WESHALB & WARUM?

Manche Gäste möchten es ganz genau wissen. Hier ein paar Informationen, die Sie – vielleicht – verblüffen werden.

Bärlauch

Bärlauch oder Waldknoblauch hat mit dem normalen Knoblauch außer einem ähnlichen Geschmack nicht sehr viel gemein. Die dunkelgrünen Blätter ähneln jungen Tulpenblättern. Sie entwickeln ihr Knoblaucharoma beim Erhitzen, verlieren es aber wieder, wenn man sie zu lange kocht. Beim Sammeln im Wald sollte man sie nicht mit den giftigen Maiglöckchenblättern verwechseln.

Blüten

Mit Blüten zu kochen hat etwas Romantisches und Besonderes. Geschmacklich fallen nur die Blüten von Kräutern ins Gewicht, mit Ausnahme der Ananasblüte mit ihrem betörendem Geruch. Wichtig ist, dass die Blume nicht mit Pestiziden behandelt oder von Natur aus giftig ist.

Farnsprossen

Junge Farnsprossen, auch Geigenköpfe oder Fiddelheads genannt, werden in den USA und in Kanada als eines der delikatesten Wildgemüse überhaupt betrachtet. In Deutschland erfreuen sie sich keiner großen Beliebtheit. Selbst im Mittelalter wurden sie nur zu Hungersnöten gegessen. Geschmacklich sind sie mit Stängelkohl (Rapa), Brokkoli oder Spargel zu vergleichen.

Frühportulak

Frühportulak (Postelein) ist ein uraltes Gemüse aus Griechenland und sehr reich an Vitamin C. Es schmeckt erfrischend und säuerlich, besonders gut zu Fisch. Kurz in Butter gedämpft mit Sahne und Eigelb legiert passt es gut zu Kartoffeln.

Hopfen

Schon im Altertum gehörte der Hopfen fest zur menschlichen Ernährung. Heute werden nur die jungen Hopfensprossen (Hopfenspargel) im Frühjahr verzehrt. In Deutschland bis auf die Bodenseeregion relativ unbekannt, wird die teure Delikatesse in Belgien und Frankreich sehr geschätzt.

Jakobsmuscheln

Die eigenwillig anmutende Bezeichnung der Coquilles St. Jacques rührt aus einer alten Geschichte her: Der Apostel Jakob, so die Heiligenlegende, wurde im Jahr 42 n. Chr. im Römischen Reich enthauptet und angeblich an der Westküste Spaniens ins Meer geworfen. Als man seinen Körper aus dem Wasser zog, um ihn pietätvoll zu bestatten, war dieser – so die Legende – über und über mit Muscheln bedeckt, die deshalb nach ihm benannt wurden. Im Mittelalter wurde der Apostel Jakob zu einem der populärsten Heiligen. So zogen Pilger aus allen Ländern zu seiner Grabeskirche nach Compostela in Spanien. In den gefährlichen Zeiten kennzeichneten sich die Pilger mit einer Jakobsmuschel als Reisende mit einem heiligen Auftrag. So wurde die Jakobsmuschel zum Erkennungszeichen der Pilgerschaft. Die heute im Handel erhältlichen Jakobsmuscheln, auch Kamm- oder Pilgersmuscheln genannt, kommen zumeist aus den Gewässern der Bretagne. Umweltverschmutzung und Schädlinge bedrohen leider zunehmend die Muschelbänke.

Kaviar

Ob Hochgenuss, Köstlichkeit, Dekadenz, Großzügigkeit, das Beste vom Besten, Raubbau an der

Natur, schonungsloses Profitgewerbe, jeder hat dazu seine eigene Meinung.
Beluga-Kaviar ist silbergrau und grobkörnig und stammt vom Hausen, dem Riesenstör, der schon vom Aussterben bedroht ist. Ossietre-Kaviar ist grau-gelblich, er steht dem Beluga in Qualität kaum nach und ist der meist gekaufte Kaviar (Preis/Leistung). Sevruga-Kaviar ist ein weiterer Kaviar von guter Qualität.
Der Zusatz »Malossol« bedeutet mild gesalzen, ca. 3 bis 4%. Kaviar sollte immer frisch sein, nicht bitter schmecken, einheitlich große Körnung besitzen, prall, trocken und glasig sein.

Knurrhahn

Es gibt rote und graue Knurrhähne. Die Fische werden bis zu 70 cm lang und 6 Kilogramm schwer. Mit Hilfe ihrer speziellen Brustflossen ertasten sie ihre Nahrung auf dem Meeresgrund, über dem sie gleichsam »schreiten«. Weil dieses Meerestier mit seiner Schwimmblase knurrende Geräusche erzeugt, wird es Knurrhahn genannt.

Milchlamm

Milchlamm sollte mit nichts anderem als Muttermilch ernährt worden sein. Das französische Milchlamm darf zwischen 7 und 10 Kilogramm wiegen, d. h., nicht älter als 5 bis 7 Wochen sein. Deutsche Milchlämmer (zumeist als Osterlämmer im Handel) haben bereits Gras zu sich genommen, sind zwischen 3 und 5 Monaten alt und wiegen 12 bis 15 Kilogramm. Beim Karree, das im Rezept verwendet wird, handelt es sich um den längs halbierten Rücken ohne Rückrad, jedoch mit den geputzten Rippenknochen.

Möweneier

Möweneier kommen aus Frankreich oder England und haben einen leicht fischigen Geschmack, der nicht ohne Reiz ist. Kombiniert mit Lachsforelleneiern, etwas Salat und einem pikantem Dip ergeben sie eine delikate Vorspeise.

Morcheln

Als eine wahre Delikatesse werden sie auch Trüffeln des Nordens genannt. Dieser Edelpilz hat einen kugeligen bis eiförmigen, wabenartig gefächerten Kopf, der auf einem weißlichen, leicht runzeligen, hohlen Stiel sitzt. Für Saucen eignen sich getrocknete Morcheln fast besser, zum Braten sind frische natürlich vorzuziehen.

Passe Pierre, Queller, Algengemüse

Passe Pierre ist eine Salzpflanze oder Meeresgemüse, die von der französischen Atlantikküste bis zur Nordseeküste gedeiht, gut schmeckt, dekorativ aussieht und als »Algen« verkauft wird.

Risoni

Risoni haben die Form von Reiskörnern, bestehen aber aus Nudelteig. Sie werden wie Risotto zubereitet.

Sanchopfeffer

Bei Sanchopfeffer handelt es sich um die gemahlenen Blätter der Dornesche. Er wird auch Japanischer Pfeffer genannt.

Sauerklee

Wie auch beim Sauerampfer ist der hohe Gehalt an Oxalsäure für den sauren Geschmack verantwortlich.

Schnittsalat, Pflücksalat, Mesclin

Unter Schnittsalat versteht man junge, gemischte Salatblätter, die ständig von Salatpflanzen geschnitten werden und immer wieder nachwachsen. In Italien wird diese Mischung aus jungen, schmackhaften Salaten »misticanza« genannt. In Deutschland sind Schnitt- und Pflücksalate nicht so sortenreich. Mesclin-Salat-Mischungen enthalten oft auch Kräuterblätter.
Manchmal wird auch eine Kopfsalatsorte darunter verstanden, deren Kopf eine offene, aufrecht stehende Blattrosette bildet.

Geräuchterte Jakobsmuscheln
mit Ricotta-Kräuter-Körbchen

Zutaten Jakobsmuscheln

12 Jakobsmuscheln

Salz, weißer Pfeffer

50 g Räuchermehl

Zutaten Marinade

1 Bund gemischte Kräuter (Pimpinelle, Estragon, Kerbel, Petersilie)

100 g grüner Löwenzahn

100 ml Brühe (siehe Grundrezepte Seite 164)

200 ml Weißweinessig, 6 % Säure

200 ml kaltgepresstes Olivenöl

Salz, weißer Pfeffer

Zutaten Salat

400 g Algenspitzen

400 g Mesclin (Schnittsalat)

200 g Ricotta

Salz, schwarzer Pfeffer

Saft und abgeriebene Schale von 1/2 Zitrone

Zutaten Reiskörbchen

3 l Pflanzenöl zum Frittieren

1 Pck. Reisteigplatten

Jakobsmuscheln

1 Die Jakobsmuscheln aus der Schale schneiden, dabei das weiße Muskelfleisch und den orangefarbenen Rogen herauslösen, waschen, trockentupfen, mit Salz und Pfeffer würzen und in die saubere Schale zurücklegen.

2 Das Räuchermehl in einen alten Topf streuen, die Jakobsmuscheln hineinlegen und zugedeckt im Topf auf der Herdplatte 10 Minuten heiß räuchern.

Marinade

1 Kräuter und Löwenzahn waschen, trockentupfen und die Blättchen abzupfen. Einige schöne Blätter für die Garnitur beiseite legen.

2 Die restlichen Blätter, Brühe, Weißweinessig und Olivenöl vermischen, mit dem Mixstab pürieren und mit Salz und Pfeffer abschmecken.

3 Die goldgelben, fast weichen Jakobsmuscheln in die Marinade legen.

Salat

1 Die ersten 3 cm der Algenspitzen, nur sie sind essbar, abzupfen und 3 Minuten in kochendem Wasser blanchieren.

2 Den Schnittsalat 5 Minuten in eiskaltes Wasser legen, herausheben und in einem Sieb abtropfen lassen.

3 Ricotta mit Salz, Pfeffer, Zitronensaft und -schale anmachen.

Reiskörbchen

Das Pflanzenöl auf 190 °C erhitzen und die Reisteigplatten einzeln darin in 1 Minute zu knusprigen Körbchen frittieren, in dem das Reisblatt zwischen zwei unterschiedlich großen Schaumlöffeln in das Öl eingetaucht wird. Vorsicht, es kann spritzen. Auf diese Weise die Reiskörbchen herstellen, herausnehmen und auf Küchenpapier abtropfen lassen. Im Asienladen gibt es spezielle Körbchen, die ineinander passen, für diesen Arbeitsvorgang zu kaufen.

Anrichten

Ricotta in einen Spritzbeutel mit Sterntülle füllen und in die Körbchen füllen. Mit Kräutern und Algenspitzen garnieren. Salat und Jakobsmuscheln darum herum anrichten und mit der Marinade begießen.

Varianten

Anstatt der Muscheln können auch Rotbarben, Zander und sogar Tofu geräuchert werden.
Der Ricotta kann durch Quark, Schicht- oder Hüttenkäse ersetzt werden und wer keine Algen mag, isst rohe Staudenselleriestifte dazu.

41

März April

Gefüllter Kaninchenrücken
auf Rahmnudeln und frittiertem Roquette

Zutaten Kaninchenrücken

4 Knoblauchzehen

etwas Suppengemüse

1 Lorbeerblatt

5 Pfefferkörner

5 Korianderkörner

1 Nelke

3 Wacholderbeeren

2 Zweige Thymian

2 Stängel Majoran

50 g Pökelsalz

20 g Salz

1 ganzer Kaninchenrücken (600–800 g) mit Leber und Nieren

Kaninchenrücken

1 Alle Zutaten bis auf den Kaninchenrücken für die Pökellake mit 1 Liter Wasser aufkochen und erkalten lassen.

2 Den Kaninchenrücken und Filets auslösen und mit Leber und Nieren über Nacht in der abgekühlten Pökellake marinieren.

3 Die Kaninchenrückenteile herausnehmen, abwaschen und trockentupfen; längs Taschen hineinschneiden. Die Filets um die Nieren wickeln und fest spießen. Die Leber in den Kaninchenrücken füllen.

4 Die Rückenteile mit der Leber erst fest in Frischhaltefolie, dann in Alufolie wickeln und in Wasser knapp unter dem Siedepunkt 20 Minuten pochieren.

5 Sollten Kotelettstücke mit am Rücken gewesen sein, kann man diese separat zum Gericht dazugeben.

Zutaten Nudelsauce

1 kleines Bund gemischter Kräuter (Pimpinelle, Estragon, Kerbel, Petersilie)

3 Schalotten

2 EL Butter

500 ml Brühe (siehe Grundrezepte Seite 164)

250 g Sahne

Muskat

Salz, schwarzer Pfeffer

Nudelsauce

1 Die Kräuter waschen, trockentupfen, die Blätter abzupfen und hacken. Die Schalotten abziehen und fein würfeln.

2 Die Butter erhitzen und Kräuter und Schalotten darin bei mittlerer Hitze 2 Minuten andünsten.
Mit Brühe ablöschen und auf die Hälfte einkochen.
Mit der Sahne aufgießen und 5 Minuten kochen.
Mit Muskat, Salz und Pfeffer würzen und durch ein Sieb streichen.

Tipp: In Pökellake darf niemals etwas gekocht werden da es sonst zu salzig wird. Spätestens nach 2 Tagen Marinierzeit muss die Pökellake durch Wasser ersetzt werden, in dem eingelegtes Fleisch dann auch gekocht werden kann.

Nudeln

Bei den Nudeln bleibt Ihrem persönlichen Geschmack die Wahl unter den folgenden Rezepten überlassen.

1 Jeweils sämtliche Zutaten vermischen, zu einem glatten Teig verarbeiten, in Frischhaltefolie wickeln und 2 Stunden ruhen lassen.

2 Den Nudelteig mit der Nudelmaschine oder dem Nudelholz dünn ausrollen und mit einem Messer in schmale Bandnudeln schneiden.

3 Reichlich Salzwasser aufkochen und die Nudeln darin in 3 Minuten gar kochen. Herausheben und in die Sahnesauce geben.

Zutaten
Einfacher Nudelteig

400 g Mehl

200 g Hartweizengrieß

12 Eigelbe

2 EL Öl

Salz

Muskat

Zutaten
Eiernudelteig

500 g Mehl

2 Eier

6 Eigelbe

2 EL Öl

1 EL Estragonessig

Salz

Zutaten
Grüner Nudelteig

250 g Mehl

50 g Hartweizengrieß

2 Eier

4 Eigelbe

200 g Spinatpüree

1 EL Olivenöl

Salz

Frittierter Roquette

Das Pflanzenöl auf 180 °C erhitzen, den Roquette darin frittieren, auf Küchenpapier abtropfen lassen, mit Salz würzen und warm stellen.

Zutaten
Frittierter Roquette

3 l Pflanzenöl zum Frittieren

2 Bund Roquette (Rucola)

Salz

Gemüse

Das Gemüse putzen, schälen oder waschen, klein schneiden und in kochendem Wasser bissfest blanchieren. Abgießen, abtropfen lassen und mit Butter und Brühe nochmals erhitzen.

Zutaten Gemüse

1 Bund Fingermöhren

2 Maiskolben

1/2 Stange jungen Lauch

2 EL Butter

100 ml Brühe (siehe Grundrezepte Seite 164)

Anrichten

1 Die braune Grundsauce erhitzen, die kalte Butter zugeben und unter Rühren aufschlagen.

2 Eine Portion Nudeln mit einer Fleischgabel aufrollen und die Nudelrolle in die Mitte eines warmen Tellers setzen.

3 Den Kaninchenrücken in Scheiben schneiden und mit dem Gemüse auf den Seiten der Nudelrolle anrichten. Mit der Sauce überziehen und zuletzt den Roquette dazu legen.

Zutaten Anrichten

400 ml braune Grundsauce (siehe Grundrezepte Seite 164)

2 EL kalte Butter

Kräuterrührei
in der Eierschale serviert mit Lachsforellenkaviar und Frühportulak

Zutaten

4–8 Möweneier oder Hühnereier (je nach Größe der Vorspeise)

1 Bund gemischte Frühlingskräuter (Sauerampfer, Pimpinelle, Estragon, Kerbel, Petersilie)

Salz, weißer Pfeffer

50 g weiche Butter

2 EL Crème fraîche

Zitronensaft

200 g Frühportulak oder Frühlingskräuter

etwas Sherrydressing (siehe Rezept Seite 30)

4 Scheiben Vollkorntoast

2 EL Pflanzenöl

Zutaten Anrichten

1 kleines Glas Lachsforelleneier

Kräuterrührei mit Lachsforellenkaviar und Frühportulak

1 Die Eier mit einem scharfen Sägemesser im oberen Drittel absägen und die Eiflüssigkeit herausgießen. Die größeren Schalenteile waschen und 2 Minuten in Wasser abkochen.

2 Die Kräuter waschen, trockentupfen, die Blätter abzupfen und hacken. Die Eier mit Kräutern, Salz, Pfeffer und 25 Gramm weicher Butter verschlagen.

3 Die Crème fraîche mit Salz, Pfeffer und einigen Spritzern Zitronensaft anrühren. Den Portulak oder die Frühlingskräuter putzen, waschen, abtropfen lassen und mit dem Sherrydressing in einer Schüssel anmachen.

4 Die Vollkorntoastscheiben in etwas Öl goldbraun rösten. Auf Küchenpapier abtropfen lassen.

5 Die restliche Butter erhitzen und die Eier darin unter Rühren zu Rührei braten.

Anrichten

Das Toastbrot in die Mitte von vier Tellern legen. Darauf den Salat und die leere Eierschale setzen. Das Rührei in die Schalen füllen und mit Crème fraîche bedecken. Mit Lachsforelleneiern garnieren.

Tipp: Natürlich kann man dieses Gericht auch mit anderen Eiern herstellen, es müssen nicht unbedingt die schwer zu beschaffenden Möweneier sein. Ein Petersilienrührei aus Hühnereiern mit etwas Trüffelbutter und lauwarmem Reis-Gemüse-Salat in der Eierschale serviert wird ebenfalls ein voller kulinarischer Erfolg.

Kaviar mit Sauerrahm
und Kräuter-Kartoffelpüree

Ein schnelles Rezept mit Kaviar – einmal ohne Blinis.

Zutaten

800 g Kartoffeln

Kümmel

Meersalz zum Kochen

400 ml Milch

2 EL Butter oder kaltgepresstes Olivenöl

Salz, weißer Pfeffer

Muskat

1/2 Bund gemischte Frühlingskräuter (Kerbel, Estragon, Pimpinelle, Petersilie)

200 g Ossietre-Kaviar Malossol

200 g Crème fraîche

Kaviar mit Sauerrahm und Kräuterkartoffelpüree

1 Die Kartoffeln in der Schale mit etwas Kümmel und Meersalz kochen. Heiß pellen und durch eine Kartoffelpresse in eine Schüssel drücken.
2 Die Milch aufkochen, mit der Butter in Flocken oder dem Olivenöl zu den Kartoffeln geben und mit Salz, Pfeffer und Muskat und würzen. Mit einem Kochlöffel zu einer glatten Masse verrühren. Nur kurz Rühren und keinen Schneebesen verwenden, sonst wird der Brei zu klebrig.
3 Die Kräuter waschen, trockentupfen, die Blätter abzupfen und hacken. Den Kartoffelbrei in vorgewärmte Schälchen füllen und mit den Kräutern bestreuen.
4 Kaviar und Crème fraîche auf geeiste Schälchen verteilen und getrennt zum Kartoffelbrei servieren.

Tipp: Die Variante mit Olivenöl bietet eine geschmackliche Überraschung: einfach ausprobieren. Wer das Kartoffelpüree noch intensiver mag, kann den Butter- oder Olivenölanteil erhöhen. Auch verschiedene Kartoffelsorten führen zu unterschiedlichem Geschmack.

Kräuterschaum
mit gebackenen Blüten

Zutaten Kräuterschaum

3 Schalotten

50 g Butter

500 ml Brühe (siehe Grundrezepte Seite 164)

1 Bund gemischte Kräuter (Schnittlauch, Kerbel, Basilikum, Petersilie, Pimpinelle, Sauerklee)

250 g Sahne

Salz

schwarzer Pfeffer

250 ml Buttermilch

Zitronensaft

Kräuterschaum

1 Die Schalotten abziehen und fein würfeln. Die Butter erhitzen und die Schalotten darin glasig dünsten. Mit der Brühe ablöschen.
2 Die Kräuter waschen, trockentupfen, die Blätter abzupfen und hacken. Die Kräuterstiele in die Brühe geben, ca. 5 Minuten darin ziehen lassen und wieder herausnehmen.
3 Die Sahne zugeben, aufkochen, mit Salz und Pfeffer abschmecken und durch ein Sieb gießen.
4 Kurz vor dem Servieren den Fond nochmals aufkochen, Kräuterblätter, Buttermilch und Zitronensaft zugeben und mit einem Schneidstab oder Schneebesen aufschlagen. Die Suppe schmeckt auch lauwarm.

Zutaten Gebackene Blüten

3 l Pflanzenöl zum Frittieren

1 Beutel Tempurateig aus dem Asienladen (oder siehe Rezept Seite 165)

2 Hand voll essbare Blüten

Gebackene Blüten

Das Öl auf 180 °C erhitzen. Die Blüten durch den Tempurateig ziehen, abtropfen lassen und im heißen Öl in 4 Minuten goldbraun frittieren. Herausheben und auf Küchenpapier abtropfen lassen.

Anrichten

Die Suppe in Teller füllen und mit den gebackenen Blüten garnieren.

Variante

Die Suppe ohne Buttermilch herstellen. Die eiskalte Buttermilch getrennt etwas schaumig schlagen und beim Anrichten einen Klecks in die Mitte der heißen Suppe geben. Der kalte, weiße Schaum auf der heißen, grünen Suppe passt besonders gut zu warmen Frühlingsabenden.

Gebratener Knurrhahn auf Sauerklee-Risoni
an Radieschen-Sanchopfeffer-Sauce

Zutaten Knurrhahn

- 600 g Knurrhahnfilet
- einige Sauerkleeblätter
- Sanchopfeffer
- Saft von 1 Zitrone
- 200 g Bandnudeln (siehe Rezept Seite 43)
- 2 EL Olivenöl

Zutaten Sauerklee-Risoni

- 3 Schalotten
- 50 g Butter
- 125 g Risoni
- 500 ml Brühe (siehe Grundrezepte Seite 164)
- Estragonessig oder Weißwein
- Nolly Prat
- 30 g frisch geriebener Parmesan
- ca. 40 Sauerkleeblätter
- Sanchopfeffer

Zutaten Radieschengemüse

- 1 Bund Radieschen
- 3 Schalotten
- 2 EL Butter
- Zitronensaft
- 100 ml Fischfond (siehe Grundrezepte Seite 164)
- 100 g Sahne
- einige Sauerkleeblätter
- Sanchopfeffer

Knurrhahn

1 Die Filets in der Mitte einschneiden, mit Sauerklee belegen, leicht mit Sanchopfeffer bestreuen, mit Zitronensaft beträufeln und wieder zusammenklappen.
2 Die Bandnudeln etwas vorkochen und die gefüllten Filets damit umwickeln.
3 Das Olivenöl erhitzen und die eingewickelten Knurrhahnfilets darin bei schwacher Hitze auf jeder Seite 3 Minuten braten.
4 Die Knurrhahnfilets vor dem Anrichten 7 Minuten bei 180 °C im Backofen erhitzen.

Sauerklee-Risoni

1 Die Schalotten abziehen und fein würfeln. 2 Esslöffel Butter erhitzen und Schalotten und Risoni darin andünsten. Mit der Brühe ablöschen und in ca. 8 bis 10 Minuten bissfest kochen.
2 Die Risoni mit Essig oder Weißwein, Nolly Prat, restlicher Butter, Parmesan und Sauerklee vermischen und mit Sanchopfeffer würzen.

Radieschengemüse

1 Die Radieschen putzen, waschen, trockentupfen und sechsteln. Die Schalotten abziehen und fein würfeln. Die Butter erhitzen und Schalotten und Radieschen darin andünsten. Mit etwas Zitronensaft beträufeln und 3 Minuten garen.
2 Mit Fischfond und Sahne aufgießen, die Sauerkleeblätter zugeben und aufkochen. Mit Sanchopfeffer würzen.

Anrichten

Die Radieschen mit etwas Sauce in die Mitte des Tellers geben und den Knurrhahn darauf setzen. Die Risoni mit zwei Esslöffeln in Nocken abstechen und jeweils 3 Stück darum herum anrichten.

Varianten

Statt des Knurrhahns können auch Egli oder Flussbarsche, oder als vegetarische Alternative, blanchierter Chicorée verwendet werden. Risoni können durch Risottoreis ersetzt werden, der mit Zitronensaft gewürzt wird. Anstelle des Sauerklees eignen sich andere frische, aromatische Kräuter wie Kerbel oder Basilikum.

Milchlammkarree mit Mairitterlingen
auf Frühlingszwiebelgemüse und Bärlauchkartoffeln

Zutaten Milchlammkarree

2 kg Milchlammkarree

1 Zweig Rosmarin

1 Zehe junger Knoblauch

6 EL Olivenöl

Salz, schwarzer Pfeffer

Zutaten Lammsauce

2 Knoblauchzehen

1 Bund Suppengemüse

4 Schalotten

2 EL Olivenöl

250 ml Rotwein

1 Zweig Rosmarin

600 ml braune Grundsauce (siehe Grundrezepte Seite 164)

100 g kalte Butter

Salz, schwarzer Pfeffer

Zutaten Ritterlinge

300 g Mairitterlinge

2 EL Olivenöl

1/2 Bund Bärlauch

Salz, schwarzer Pfeffer

Milchlammkarree

1 Das Milchlammkarree vom Metzger bis auf die Rippenknochen auslösen lassen. Die hervorstehenden Rippenknochen mit einem Messer sauber schaben.
2 Die Rosmarinnadeln abstreifen und hacken. Die Knoblauchzehe abziehen und durch die Presse drücken. Rosmarin und Knoblauch mit 2 Esslöffeln Olivenöl verrühren.
3 Den Backofen auf 220 °C (Gas Stufe 4–5, Umluft 190 °C) vorheizen. Das Fleisch mit Salz und Pfeffer würzen und mit dem Würzöl einreiben. Das restliche Olivenöl erhitzen und das Fleisch darin bei starker Hitze von allen Seiten anbraten. Das Lammkarree in den heißen Ofen schieben und in 12 bis 15 Minuten fertig braten.

Lammsauce

1 Die Knoblauchzehen abziehen. Das Suppengemüse putzen und klein schneiden. Die Schalotten abziehen und fein würfeln. Das Olivenöl erhitzen und Suppengemüse und Schalotten darin bei starker Hitze anbraten.
2 Mit dem Rotwein ablöschen, Rosmarin und Knoblauch zugeben und mit der braunen Grundsauce aufgießen.
3 Die Sauce in ca. 15 Minuten auf die Hälfte einkochen lassen. Durch ein Sieb streichen.
4 Die Sauce nochmals aufkochen, die kalte Butter in Flöckchen zugeben und mit einem Schneebesen unterschlagen. Mit Salz und Pfeffer abschmecken.

Mairitterlinge

1 Die Pilze mit einem feuchten Tuch abreiben, von den Stielenden befreien und in Scheiben schneiden.
2 Den Bärlauch waschen, trockentupfen, die Blätter abzupfen und in Streifen schneiden.
3 Kurz vor dem Anrichten das Olivenöl erhitzen und die Pilze darin bei mittlerer Hitze 4 Minuten braten. Mit den Bärlauchstreifen bestreuen und mit Salz und Pfeffer würzen.

Tipp: Der grüne Teil der Frühlingszwiebeln ergibt in Ringe geschnitten eine dekorative Garnitur.

März
April

Zutaten Gefüllte Bärlauchkartoffeln

800 g neue Kartoffeln

1 Bund Bärlauch

200 g Sahne

100 g Butter

Salz, schwarzer Pfeffer

500 ml Brühe (siehe Grundrezepte Seite 164)

Gefüllte Bärlauchkartoffeln

1 Die Kartoffeln kochen, pellen und längs halbieren. Mit einem kleinen Löffel eine kleine Mulde ausstechen. Die Unterseite flach abschneiden, damit die Kartoffeln stehen bleiben.
2 Den Bärlauch waschen, trockentupfen und die Blätter hacken. 2 Kartoffeln und die Kartoffelreste durch eine Kartoffelpresse drücken und mit Sahne, Butter und Bärlauch verrühren. Mit Salz und Pfeffer würzen. Das Püree in die Kartoffelmulden füllen.
3 Den Backofen auf 160 °C (Gas Stufe 2, Umluft 130 °C) vorheizen. Die Brühe in eine Auflaufform füllen, die Kartoffeln hineinsetzen und im Backofen warm halten.

Anrichten

Die Bärlauchkartoffeln auf vier Teller verteilen. Das Fleisch in vier Portionen teilen, neben den Kartoffeln anrichten und mit der Sauce überziehen. Mit dem Gemüse und den Pilzen garnieren.

Zutaten Gemüse

1 Bund junge Möhren

1 Bund Frühlingszwiebeln

Salz

2 EL Butter

4 EL Sahne

weißer Pfeffer

Gemüse

1 Die Möhren schälen und die Frühlingszwiebeln putzen. Die Möhren und den weißen Teil der Frühlingszwiebeln schräg in Scheiben schneiden. Die Möhren 6 Minuten, die Frühlingszwiebeln 3 Minuten in kochendem Salzwasser blanchieren. Abgießen, abschrecken und abtropfen lassen.
2 Die Sahne steif schlagen. Kurz vor dem Servieren die Butter erhitzen, das Gemüse darin bei schwacher Hitze erwärmen und die Sahne unterziehen. Mit Salz und Pfeffer abschmecken.

Varianten

Anstelle des Milchlamms kann man auch Zicklein oder Spanferkel verwenden.
Ritterlinge können durch Austernpilze oder Champignons ersetzt werden.
Anstelle der etwas kompliziert zuzubereitenden Bärlauchkartoffeln können Herzoginkartoffeln gereicht werden.

Zutaten Herzoginkartoffeln

1 kg Kartoffeln

4 Eigelbe

Salz, weißer Pfeffer

Muskat

2 EL Butter

Herzoginkartoffeln

1 Die Kartoffeln kochen, im warmen Backofen ausdämpfen lassen, pellen und durch eine Kartoffelpresse drücken.
2 In die noch warme Masse 3 Eigelbe einarbeiten, so dass ein glatter Teig entsteht. Mit Salz, Pfeffer und Muskat würzen.
3 Den Backofen auf 200 °C (Gas Stufe 3–4, Umluft 180 °C) vorheizen. Ein Backblech buttern. Den Kartoffelteig in eine Spritzbeutel mit Sterntülle füllen und Rosetten von 3 cm Grundfläche auf das Blech spritzen.
4 Die Herzoginkartoffeln mit dem restlichen Eigelb bestreichen und im heißen Ofen 10 bis 12 Minuten backen.

Zicklein gebraten,
gefüllt und geschmort

Den strengen Geruch, der einem bei dem Gedanken an Ziegen in die Nase steigt, kann man beim Zicklein getrost vergessen. Sein Fleisch ist zart und aromatisch, aber nicht aufdringlich.
Da Zicklein nur im Ganzen angeboten wird, bietet es sich an, ein großes Festmahl im mediterranem Stil zu veranstalten. Alles wird auf den Tisch gestellt und jeder kann sich selbst nach Lust und Laune bedienen.

Zutaten

1 ganzes Zicklein (ausreichend für 8 bis 10 Portionen)
4 Stangen Lauch
4 Möhren
1 Staudensellerie
8 Schalotten
2 Knollen junger Knoblauch
10 EL Olivenöl
Salz, weißer Pfeffer
2 EL Tomatenmark
700 ml Rotwein
2 TL Speisestärke
1 Bund Bärlauch
1 Bund Estragon
einige Pfefferminzeblätter

Zicklein

1 Das Zicklein in Hals, Schultern, Haxen, Rücken, Nieren, Filet, Keulen, Bauchnetz, Leber und Knochen zerlegen und die Fleischteile von Sehnen und Häuten befreien. Mit den Knochen und Resten nach dem Rezept im Kapitel Grundrezepte (Seite 164) eine braune Grundsauce zubereiten.
2 Den Lauch putzen, die Möhren schälen und beides würfeln. Den Staudensellerie ebenfalls würfeln. Schalotten und Knoblauch abziehen und grob zerkleinern.
3 4 Esslöffel Olivenöl erhitzen, Hals, Schultern und Haxen darin anbraten und mit Salz und Pfeffer würzen. Das Fleisch herausnehmen und Gemüse, Schalotten und Knoblauch im Öl anbraten. Das Tomatenmark zugeben und anrösten. Mit Rotwein ablöschen, das Fleisch wieder hinzufügen und mit Wasser aufgießen, bis alles bedeckt ist. Zugedeckt bei schwacher Hitze 45 Minuten schmoren.
4 Das Fleisch herausnehmen und die Sauce entfetten. Die Speisestärke in etwas Wasser anrühren und die Sauce damit binden. Mit Salz und Pfeffer abschmecken. Den Bärlauch waschen, trockentupfen, in Streifen schneiden und zur Sauce geben.
5 Die Keulen auslösen und von Sehnen und Knorpeln befreien. Den Estragon hacken und das Fleisch mit Salz, Pfeffer und Estragon würzen. Die Keulen mit der Leber füllen und in das Bauchnetz einwickeln. 2 Esslöffel Olivenöl erhitzen und die Keulen darin scharf anbraten. Im Backofen bei 170 °C (Gas Stufe 2, Umluft 150 °C) ohne Deckel ca. 1 Stunde braten. Die Keulen können auch geschmort werden. Die Garzeit beträgt dann 1 Stunde 45 Minuten.
6 Das Filet plattieren, mit einigen Pfefferminzblättern belegen, um die Niere wickeln und mit einem Holzspieß fixieren. Den Rücken längs teilen und die Rippen etwas kürzen. 4 Esslöffel Olivenöl erhitzen und die Fleischteile darin auf allen Seiten 5 Minuten anbraten. Im Ofen bei 180 °C (Gas Stufe 2–3, Umluft 160 °C) in 20 bis 30 Minuten fertig garen.
Zu dem gebratenen Fleisch wird die Grundsauce gereicht.

Tipp: Als Beilagen zum Festtagszicklein eignen sich Auberginentarte, Bärlauchkartoffeln, Bretzenknödel, Herzoginkartoffel, Kartoffelgnocchi, Risotto und junges Gemüse.

Gebratene Langostinos
und Gemüsetürmchen

Langostinos (Kaisergranat) und Kräuter haben Saison. Beim Gemüse muss man auf saisonunabhängigen Sorten oder auf Importware zurückgreifen.

Zutaten Langostinos

12 Langostinos

100 g Sahne

2 EL Butter

etwas Zitronensaft

Zutaten Frittiertes Gemüse

2 Möhren

1 Knolle Sellerie

Salz

2 Kartoffeln

3 l Pflanzenöl zum Frittieren

Zutaten Gemüsetürmchen

1 gelbe Zucchini

1 grüne Zucchini

4 EL Olivenöl

Salz, schwarzer Pfeffer

1 rote Paprika

1 gelbe Paprika

1 kleine Aubergine

1 EL Tomatenmark

200 ml Fischfond (siehe Grundrezepte Seite 164)

gemischte Kräuter (Kerbel, Basilikum, Petersilie)

Butter

etwas geriebener Parmesan

Anrichten

Die Gemüsetürmchen auf Teller stürzen und mit frittiertem Gemüse belegen. Jeweils 3 Langostinos daneben legen und mit etwas Sauce überziehen.

Langostinos

1 Das Langostinofleisch aus der Schale brechen, das Schwanzfleisch am Rücken aufschneiden und vom Darmfaden befreien.
2 Die Scheren und Karkassen zerhacken und damit eine Sauce zubereiten. Die Sahne steif schlagen und unter die Sauce ziehen. Die Butter erhitzen und die Langostinos darin 3 Minuten braten. Mit Zitronensaft beträufeln.

Gemüsetürmchen

1 Die Zucchini waschen, von Stiel- und Blütenansatz befreien. Jeweils 1/2 Zucchini in Scheiben schneiden. 2 Esslöffel Olivenöl erhitzen und die Zucchinscheiben darin bei mittlerer Hitze anbraten, mit Salz und Pfeffer würzen und auf Küchenpapier abtropfen lassen.
2 Die Paprika waschen, halbieren, vom Stielansatz, weißen Zwischenwänden und Kernen befreien und würfeln. Die Aubergine halbieren, den weichen Innenteil mit den Kernen entfernen und mit den restlichen Zucchini in Würfel schneiden.
3 Das restliche Olivenöl erhitzen, die Gemüsewürfel darin anbraten, das Tomatenmark zugeben, kurz mitrösten und mit Salz und Pfeffer würzen. Mit dem Fischfond ablöschen und die Flüssigkeit einkochen.
4 Die Kräuter waschen, trockentupfen, die Blätter abzupfen und hacken. Die gehackten Kräuter unter das Gemüse mischen.
5 Den Backofen auf 180 °C (Gas Stufe 2–3, Umluft 160 °C) vorheizen. Die Gemüsewürfel abwechselnd mit den gebratenen Zucchinischeiben in 5 cm hohe Förmchen schichten, mit Butterflöckchen und Parmesan bedecken und im heißen Ofen 5 Minuten backen.

Frittiertes Gemüse

1 Möhren und Sellerie schälen, in 8 cm lange Julienne schneiden und in kochendem Wasser 1 Minute blanchieren. Abgießen und abtropfen lassen.
2 Die Kartoffeln schälen, in feine Streifen schneiden, waschen und trockentupfen.
3 Das Pflanzenöl auf 180 °C erhitzen und die Kartoffelstreifen darin in 3 Minuten goldbraun frittieren. Herausheben und auf Küchenpapier abtropfen lassen.
4 Gemüsestreifen in das Öl geben, 2 Minuten frittieren. Herausheben und auf Küchenpapier abtropfen lassen.

Tipp: Von den Auberginen den weichen Teil mit den Kernen entfernen und nicht verwenden, da er die Würfelstruktur beim Garen nicht behalten würde.

März
April

Rhabarber-Pinien-Muffin mit Kompott
und Zitronenmelisse-Eis

Zutaten Rhabarber-Pinien-Muffins (Für 10 Stück)

1 TL Backpulver
1/2 TL Natron
120 g Vollkornmehl
210 g Weizenmehl
120 g gehackte Pinienkerne
1 Ei
180 g brauner Zucker
80 ml Pflanzenöl
300 g Buttermilch
1 TL Vanillaroma
300 g Rhabarberwürfel

Zutaten Kompott

800 g Rhabarber
100 g Zucker
Zitronensaft
4 cl Obstbrand

Zutaten Zitronenmelisse-Eis (für ca. 1 l Eis)

7 Eigelbe
200 g Zucker
500 ml Milch
250 g Sahne
Mark von 1 Vanilleschote
1 Bund Zitronenmelisse

Zutaten Karamellgitter

150 g Zucker
25 g Glukose

Kompott

1 Den Rhabarber schälen und klein würfeln. Schalen, Zucker, Zitronensaft und 500 Milliliter Wasser 10 Minuten kochen und durch ein Sieb gießen.
2 Die Flüssigkeit mit dem Obstbrand nochmals aufkochen, 500 Gramm Rharbarberwürfel zugeben und bei schwacher Hitze in 8 Minuten bissfest garen. Die restlichen Rhabarberwürfel für die Muffins beiseite stellen.

Zitronenmelisse-Eis

1 Die Eigelbe mit dem Zucker schaumig schlagen.
2 Die Milch zusammen mit der Sahne erhitzen, das Mark der Vanilleschote zugeben und kurz aufkochen. Die heiße Flüssigkeit langsam in die Eimasse einrühren und durch ein Sieb streichen.
3 Die Zitronenmelisse in dünne Streifen schneiden und unterheben. Die Eismasse über Eiswürfeln schlagen, bis sie abgekühlt ist. Anschließend ins Tiefkühlfach stellen. Gelegentlich umrühren.

Karamellgitter

1 Zucker und Glukose mit 75 Milliliter Wasser in einen Topf geben, aufkochen und reduzieren, bis ein zähflüssiger Sirup von sonnengelber Farbe entstanden ist. Vorsicht, der Sirup wird bis zu 200 °C heiß.
2 Den Karamellsirup mit Hilfe einer Gabel gitterförmig auf einem Bogen Backpapier verteilen und in einem trockenen Raum erkalten lassen, nicht in den Kühlschrank stellen. Aus dem Karamell passende Stücke für die Garnitur herausbrechen.

Die Rhabarber-Pinien-Muffins

1 Backpulver, Natron, Vollkorn- und Weizenmehl in eine Schüssel sieben und mit den Piniekernen vermischen.
2 Das Ei mit dem Zucker verrühren, Öl, Buttermilch, Vanillearoma und die zurückbehaltenen 300 Gramm Rhabarberwürfel zugeben und verrühren.
Die Mehlmischung unterheben, bis sich die Massen gerade vermischt haben.
3 Den Backofen auf 180 °C (Gas Stufe 2–3, Umluft 160 °C) vorheizen.
10 Muffinmulden mit passenden Papiermanschetten auslegen und zur Hälfte mit dem Teig füllen. Die Muffins 25 Minuten im heißen Ofen backen.

Anrichten

Die Muffins mit jeweils 1 Eiskugel und etwas warmen Kompott anrichten und mit Karamelgitterstücken garnieren.

Varianten

Anstatt des Rhabarbers können die Muffins auch mit Mango, Ananas oder Papaya gebacken werden. Je nach Süßegrad der verwendeten Früchte variiert der Zuckeranteil.

Ohne Zitronenmelisse ergibt das Eisrezept ein feines Vanilleeis, das mit dem restlichen, fein gehackten Karamellgitter vermischt zu Karamell-Knusper-Eis wird.

Limettenparfait
mit Schokoladengitter

Zutaten
Limettenparfait

3 Limetten
2 Zitronen
100 g Butter
3 Blatt Gelatine
170 g Zucker
2 Eigelbe
4 Eiweiße
Salz

Limettenparfait

1 Die Limetten und Zitronen heiß abwaschen und mit einem Zestenreißer die Schalen dünn abschälen. Den Saft der Fürchte ausdrücken. Saft und Schale zusammen mit der Butter aufkochen.
2 Die Gelantine in etwas kaltem Wasser einweichen. 100 Gramm Zucker und Eigelbe über einem Wasserbad schaumig schlagen. Die Gelantine ausdrücken, zugeben und auflösen. Mit der Buttermasse verrühren und kalt stellen.
3 Die Eiweiße mit dem restlichen Zucker und Salz steif schlagen und unter die Parfaitmasse heben. Sofort in passende Förmchen oder Kaffeetassen füllen und über Nacht in das Tiefkühlfach stellen.

Zutaten
Schokoladengitter

130 g Kuvertüre

Schokoladengitter

1 100 Gramm Kuvertüre im Block über einem Wasserbad schmelzen. Die restliche Kuvertüre reiben und in die erhitzte Masse einrühren, so dass diese dadurch abkühlt und gerade noch flüssig ist.
2 Die Masse in einen Spritzbeutel mit feiner Lochtülle füllen, auf einen Bogen Backpapier gitterförmig aufspritzen und etwas antrocknen lassen. Die Gitter bis zur Verwendung kühl stellen.

Anrichten

Zum Servieren das Limettenparfait kurz in heißes Wasser tauchen und aus den Förmchen stürzen. Mit dem Schokoladengitter umgeben, solange dieses noch geschmeidig ist.

Ofenschlupfer
mit Kompott und Sabayon

Ein altschwäbisches, gehaltvolles Dessert wird mit Früchten und Sabayon auch in der mondänen Welt gesellschaftsfähig.

Ofenschlupfer

1 Die Milch mit den Eiern und 50 Gramm Zucker verschlagen und mit Rum und Salz würzen.
2 Die Rosinen 15 Minuten in warmem Wasser einweichen und abgießen. Das Weißbrot in kleine Würfel schneiden. Den Apfel schälen, vierteln, vom Kerngehäuse befreien und würfeln.
3 Mandelsplitter, Rosinen, Brot- und Apfelwürfel vermischen. Vier Portionsformen mit Butter fetten, mit 2 Esslöffeln Zucker ausstreuen und die Masse hineinfüllen. Mit der Eiermilch aufgießen.
4 Den Backofen auf 180 °C (Gas Stufe 2–3, Umluft 160 °C) vorheizen und die Ofenschlupfer 20 Minuten im heißen Ofen backen.
5 Die Eiweiße mit dem restlichen Zucker steif schlagen, auf die Ofenschlupfer streichen und nochmals 10 Minuten bei starker Oberhitze überbacken.

Zutaten Ofenschlupfer

500 ml Milch
3 Eier
125 g Zucker
1 EL Rum
Salz
50 g Rosinen
1/4 Weißbrot
1 großer Apfel
50 g Mandelsplitter
1 EL Butter
2 Eiweiße

Früchtekompott

Die Früchte je nach Sorte vorbereiten und mit Zucker, Vanillezucker und Wein aufkochen. Ca. 5 Minuten bei schwacher Hitze garen. Die Speisestärke in etwas Wasser anrühren, zu den Früchten geben und die Flüssigkeit damit binden.

Zutaten Früchtekompott

400 g Früchte nach Wahl (z. B. Birnen oder Pfirsiche)
80 g Zucker oder Honig
1 TL Vanillezucker
100 ml Weißwein
2 TL Speisestärke

Sabayon

Den Südwein mit Eigelben und Zucker oder Honig über einem Wasserbad zu festem Schaum aufschlagen.

Zutaten Sabayon

200 ml Südwein (Marsala, Portwein oder Madeira)
2 Eigelbe
etwas Honig oder Zucker

Anrichten

Die warmen Ofenschlupfer aus der Form auf Teller heben und halb mit dem ebenfalls warmen Kompott, halb mit der Sabayon angerichtet servieren.

Tête de Moine von der Girolle
mit Frischkäse-Kräutercreme gefüllt

Der Tête de Moine, »Mönchskopf«, aus dem Kanton Bern in der Schweiz ist ein Kuhmilchkäse, der auf einer Girolle geschnitten wird. So erhält er seine ansprechende Form, kleine gelockte Rosetten, die sich wunderbar füllen lassen, zum Beispiel mit einer pikanten Käsecreme.

Zutaten

1/2 Tête de Moine

1 Bund frische Kräuter (Schnittlauch, Pimpinelle, Majoran, Petersilie, Kerbel, Basilikum)

2 Knoblauchzehen

400 g Doppelrahm-Frischkäse oder Ricotta

50 g Sahne

Salz, schwarzer Pfeffer

Paprikapulver edelsüß oder Curry nach Geschmack

bunter, gemahlener Pfeffer

1 Den Tête de Moine von der Girolle schaben, so dass kleine Tüten entstehen und diese bereitstellen.
2 Die Kräuter waschen, trockentupfen, die Blätter abzupfen und hacken. Die Knoblauchzehen abziehen und fein würfeln. Den Frischkäse mit Sahne, Kräutern und Knoblauch vermischen und mit Salz, schwarzem Pfeffer, Paprika oder Curry würzen.
3 Die Käsemasse in einen Spritzbeutel füllen und in die Tête-de-Moine-Locken spritzen. Mit buntem Pfeffer bestreuen.

Tipp: Ausgezeichnet dazu schmeckt ein frisch gebackenes Kürbiskernbrot.

Warmer Crottin de Chavignol auf Spinatsalat
und Feigensauce

ZUTATEN

4 Scheiben Toastbrot

2 gereifte Crottin de Chavignol

schwarzer Pfeffer aus der Mühle

2 Hand voll junge Spinatblätter

2 TL Balsamicoessig

1 EL Kürbiskernöl

1 Das Toastbrot leicht rösten und vier Kreise ausstechen.
2 Den Backofen auf 200 °C (Gas Stufe 3–4, Umluft 180 °C) vorheizen. Den Käse in zwei Scheiben schneiden, so dass die runde Form erhalten bleibt, auf die runden Toastbrotscheiben legen und mit Pfeffer bestreuen. Auf ein Blech setzen und im heißen Ofen in 5 Minuten schmelzen lassen.
3 Die Spinatblätter waschen, trockenschleudern und mit Balsamicoessig und Kürbiskernöl anmachen.

Anrichten

Den geschmolzenen Ziegenkäse auf einem Spinatblätterbett anrichten und mit etwas Tessiner Feigensauce (Feinkostgeschäft) oder einer anderen Fruchtsauce beträufeln.

Tipp: Dieser Ziegenkäse ist eine gute Alternative zum Dessert. Sein haselnussartiger Geschmack ergänzt sich bestens mit den jungen Spinatblättern. Mit Bratkartoffeln als Beilage wird sogar eine kleine Mahlzeit daraus.

Die »Hoch-Zeit« für Genießer. Viele Pflanzen stecken nun ihre ganze Kraft in ihre Blüten und Früchte. Eine Zeit der Vermischungen, die zu hemmungslosem Umgang mit ihren Produkten aufruft.

Aromen-Hochzeit

Juni

Aromen-Hochzeit

Mai

Stall und Land

Schlachtfleisch, Geflügel:
Spanferkel, Stubenküken

Wild, Wildgeflügel:
Maibock, Reh, Wildschwein (ab Juni)

Wasser und Strand

Fisch – Süßwasser:
Aal, Bachforelle, Felchen, wilde Lachsforelle, Maifisch, Saibling, Wildlachs, Zander

Fisch – Salzwasser:
Bonito, Drachenkopf (Rascasse), Glattbutt, Heilbutt, Kabeljau (Dorsch), Maischolle, Makrele, Matjes, Rochen, Rotzunge, St. Pierre, Stör, Thunfisch

Krusten-, Schal-, Weichtiere:
Blaukrabbe (Softshell), Hummer, Languste, Nordseekrabbe, Tiefseegarnele, Taschenkrebs

Garten und Beet

Obst:
Aprikose, Erdbeere, Nespoli (Mispelfrüchte), weißer Pfirsich, Süßkirsche

Gemüse:
Ährenspargel, Algenspitzen (Passe Pierre), Artischocke, Aubergine, Bamberger Hörnchen (Kartoffelsorte), Blumenkohl, Farnsprossen (Geigenköpfe), Frühkartoffel, Frühwirsing, Frühlingszwiebel, Kohlrabi, junger Knoblauch, junger Lauch, Mairübe, Mangold, Radieschen, Rhabarber, Saubohne, Senfkohl (Pak Choi), weißer und grüner Spargel, Spitzkohl, Stängelkohl (Rapa), Staudensellerie, Zucchiniblüte, Zuckererbsen

Salat:
Batavia, Endivie, Frisee, Kopfsalat, grüner Löwenzahn, Lollo Rosso, Lollo Bianco, Mesclin (Schnittsalat), Portulak, Stielmus

Tipp: In diesem Jahresabschnitt kann man den italienischen Trüffelschinken empfehlen, der mit schwarzen Trüffel eingelegt und gekocht wird. Er passt ausgezeichnet zu Spargel. Nun ist auch die Zeit, um Essig mit Gewürzen, Kräutern und Blüten anzusetzen. Weißwein mit Brandweinessig versetzen und über die Kräuter usw. gießen. Nach vier Wochen hat der Essig schon Aroma angenommen.

Kräuter:

Basilikum, Blattpetersilie, Bohnenkraut, Borretsch, Brunnenkresse, Dill, Estragon, Holunderblüte, Kapuzinerkresse, Kerbel, Koriandergrün, Liebstöckel, Majoran, Minze, Oregano, Pfefferminze, Pimpinelle, Rosmarin, Sauerampfer, Sauerklee, Schnittlauch, Schnittsellerie, Thymian, Waldmeister, Zitronenmelisse

Essbaren Blüten:

Begonie, Borretsch, Gewürztagetes, Goldmelisse, Heckenrose, Knoblauch, Lavendel, Orange, Ringelblume, Rose, Salbei, Senf, Stiefmütterchen, Sumpfdotterblume, Veilchen

Pilze:

Mairitterling, Morchel, Pfifferling, Schopftintling, Sommersteinpilz, Sommertrüffel

Sonstiges

Käse:

Gaperon, Manchego, Olivet, Soumaintrain, St. Nectaire

Juni

WER & WIE? WAS & WIESO?
WESHALB & WARUM?

Manche Gäste möchten es ganz genau wissen. Hier ein paar Informationen, die Sie – vielleicht – verblüffen werden.

Bockbier
Bockbier ist ein Starkbier mit einem Alkoholgehalt von 6 bis 8% und einem Stammwürzegehalt von 16 bis 18%. In der norddeutschen Stadt Einbeck wurde dieses Gebräu im 14. Jahrhundert sozusagen erfunden. Damals hieß es noch »Ainpöcksch Bier« was im Laufe der Zeit auf Bockbier abgekürzt wurde.

Bohnen
Ausgrabungen in der Schweiz belegen das Vorkommen der Saubohne schon in prähistorischer Zeit. Sojabohne, Gartenbohne und Saubohne sind die drei bedeutendsten Bohnengattungen.

Erdbeeren
William Butler schrieb um 1600 »Gewiß hätte der Schöpfer eine köstlichere Beere ersinnen können, aber ebenso hat er es nicht getan«, als Zeichen, wie sehr die Erdbeere verehrt wird.
Ein Genuss für Jedermann ist sie allerdings erst seit Ende des 19. Jahrhunderts. Im 17. Jahrhundert wurden die ersten Versuche unternommen die Erdbeere zu kultivieren. Im 18. Jahrhundert kam die Virginia-Erdbeere nach Europa, von der zweifellos alle heute verbreiteten Erdbeersorten abstammen.

Flusskrebse
Von den über 300 Arten Süßwasserkrebse kommen 250 allein in Nordamerika vor. In Louisiana z. B. sind sie eine bedeutende Erwerbsquelle.
Der größte Flusskrebs wird bis zu 6 Kilogramm schwer und stammt aus Tasmanien, der kleinste wird nur 3 cm groß. Flusskrebse leben in langsam fließenden Flüssen, in Teichen und Sumpfgebieten. Als einziger einheimischer Krebs kommt der Sumpfkrebs bei uns in den Handel.

Honig
Schon in der Bronzezeit züchtete der Mensch in Europa Bienen zur Honiggewinnung, da es das einzige bekannte Süßungsmittel war. Johannisbrotkernmehl und Feigen- oder Dattelsirup als Alternativen waren nur in bestimmten Regionen bekannt. Honig schmeckt nach dem Aroma der Pflanzen, von denen der Pollen stammt, den Bienen sammeln. Deshalb gibt es so viele verschiedene Sorten.

Matjes
Matjes, der Name stammt aus dem Holländischen und bedeutet übersetzt »Mädchen«, sind noch nicht laichreife Heringe, die noch keine bzw. nur geringe Ansätze von Milch und Rogen haben.
Es gibt sie nur von Mitte Mai bis Anfang Juni vor den Küsten Hollands, Schottlands und Irlands. Mild gesalzen werden sie nur wenige Tage in Eichenfässern gelagert.

Nordseekrabben
Sind Nordseekrabben Krebse oder Krabben? Zwar gehören die Krabben zu den Kurzschwanzkrebsen, aber der Name »Nordseekrabbe« ist

genau genommen falsch, da sie zu den Sandgarnelen zählen und damit zu den Langschwanzkrebsen gehören. Sie sind somit also Krebse, keine Krabben.

Pfirsich

Im alten China war der Pfirsich ein Symbol der Unsterblichkeit. Man beschenkte Freunde mit echten und unechten Pfirsichen als Zeichen der Zuneigung.

Ringelblumen

Die goldgelben Blütenblätter der aus Südeuropa stammenden Ringelblume wurden schon im Mittelalter als Gewürz benutzt. Zu dieser Zeit wurde sogar Käse damit gefärbt. Das kann man auch bei Kuchenteig oder wie im Rezept bei Mayonnaise anwenden.

Senfkohl (Pak Choi)

Botanisch hat der Senfkohl wenig mit Senf zu tun, er ist eine Kohlart, geschmacklich ein wenig. Vom Aussehen her erinnert er an Mangold und kann wie dieser zubereitet oder roh genossen werden. Pak Choi ist in der chinesischen Küche sehr verbreitet und beliebt.

Spargel

Woher Spargel eigentlich stammt, weiß niemand. Die Ägypter kultivierten Spargel und opferten ihn den Göttern. Wahrscheinlich trugen Vögel die Samen des Wildspargels nach Süden und in den Rest der Welt. Deutscher Spargel wurde erstmals 1568 in Stuttgart angebaut und gestochen.

Spargel ist das klassische Frühjahrsgemüse schlechthin und war schon immer ein Symbol der Fruchtbarkeit und der Beginn des Wachstumszyklus. Er genießt einen wahren Kultstatus. Weißer Spargel wird geerntet, sobald er die Erde leicht anhebt. Der letzte Spargel wird in Deutschland nach alter Tradition am 24. Juni gestochen. Beim violetten Spargel wächst der Kopf ans Tageslicht und nimmt die Farbe an. Grüner Spargel wird nicht angehäufelt, so dass die ganzen Stangen aus der Erde wachsen und grün werden.

Stubenküken

Stubenküken wurden noch um die Jahrhundertwende in ländlichen Gegenden im Haus gehalten, im einzig direkt beheizten Raum, der Wohnküche. Daher kommt auch der Name. In Holzverhauen mit Draht umspannt wurden sie auf dem Boden gehalten und pickten die Essensreste und Krumen auf, die man ihnen zum Fraß vorwarf. Aus der Schweiz stammt der Ausdruck »Mistkratzerli«, wohl wegen des ständigen Herumscharrens der Küken.

Nach einigen Wochen landeten sie im Topf. Nach EG-Verordnung müssen sie unter 750 Gramm schwer sein, handelsübliche Größe ist jedoch 300 bis 400 Gramm. Ob der Ausdruck »die Hühner durch die Küche jagen« (bei schmutzigem Boden) von der Stubenkükenhaltung kommt, ist nicht bekannt.

Waldmeister

Waldmeister wird auch Maikraut, Möserich oder Maiblume genannt, weil er im April und natürlich im Mai in Buchen- und Mischwäldern zu finden ist. Wildwachsend tritt er vor allem in Mittel-, Ost- und Südeuropa auf. Waldmeister trägt den intensiven Aromastoff Kumarin in sich, aber nur, bis zur Blüte.

Dreierlei aus dem Norden
Phantasievolle Fischvariationen

Zutaten Matjestatar

120 g Matjesfilet
4 Aprikosen
schwarzer Pfeffer
Saft von 1 Limette
5 Blätter Pfefferminze
2 EL Crème fraîche
4 Scheiben Pumpernickelbrot
3 EL weiche Butter
4 Wachteleier

Matjestatar auf Pumpernickel mit Wachtelspiegelei

1 Die Matjesfilets in kleine Würfel schneiden. Die Aprikosen schälen, entsteinen und würfeln. Beides mit etwas Pfeffer und Limettensaft 15 Minuten marinieren. 5 Blätter Pfefferminze in dünne Streifen schneiden und unterheben. Mit etwas Crème fraîche verfeinern.

2 Die Pumpernickelscheiben dünn mit Butter bestreichen und mit einen runden Ausstecher auf die gewünschte Größe bringen. Den Ausstecher auf der Brotscheibe stehen lassen, das Matjestatar einfüllen und fest andrücken. Den Ausstecher wieder entfernen.

3 Die Wachteleier im oberen Viertel mit einem Sägemesser köpfen. Die Eier getrennt in eine kalte Pfanne mit etwas Butter laufen lassen, langsam erhitzen und zu Spiegeleiern stocken lassen. Die Eier auf die Pumpernickelscheiben mit Matjestatar legen.

Zutaten Norseekrabbencocktail

200 g geschälte Nordseekrabben
Saft von 1 Limette
2 Eier
1 EL Dijonsenf
Salz, weißer Pfeffer
200 ml Sonnenblumenöl
etwas Brühe (siehe Grundrezepte Seite 164)
Estragonessig
2 cl Orangenlikör
6 Ringelblumenblüten
4 Blätter Kopfsalat
4 Limettenscheiben
1 Stängel Blattpetersilie

Norseekrabbencocktail mit Ringelblumenmayonnaise

1 Die Nordseekrabben mit dem Limettensaft marinieren. 4 kleine Gläser im Tiefkühlfach kalt stellen.

2 Die Eier mit Senf, Salz und Pfeffer verschlagen und das Öl in dünnem Strahl einrühren. Mit der Brühe etwas verdünnen und mit Estragonessig und Orangenlikör würzen. Die Blätter von 2 Ringlenblumenblüten in Streifen schneiden und unterheben.

3 Die Salatblätter in feine Streifen schneiden, in die gekühlten Gläser geben und mit den marinierten Krabben auffüllen. Die Krabben mit der Mayonnaise überziehen und mit den restlichen Ringelblumen, Limettenscheiben und Blattpetersilie garnieren.

Tipp 1: Gesalzen werden muss dieser Tatar nicht mehr, denn der Matjes wird in Salz eingelegt, bringt also von sich aus genügend Würze mit. **Tipp 2:** Aus einer Weißbrotscheibe einen kleinen Stab in Form eines Löffels ausschneiden, in Pflanzenöl knusprig braten und damit den Krabbencocktail aus dem angefrorenen Glas löffeln.

Mai
Juni

Tempura von Maischolle und Zucchiniblüte

Zutaten Tempura

200 g Reismehl
200 ml Sake, ersatzweise Weißwein
2 EL Pflanzenöl
2 Eier
Zucker
Salz
2 Zucchiniblüten
4 Maischollenfilets
Saft von 1 Limette
Cayennepfeffer
3 l Öl zum Frittieren

1 Reismehl, Sake, Pflanzenöl und Eier vermischen, zu einem glatten Teig verrühren und mit Zucker und Salz würzen.
2 Die Zucchiniblüten längs halbieren und Pollen und Stempel herausschneiden. Die Maischollenfilets um die Zucchiniblüten wickeln, mit Limettensaft beträufeln und mit Salz und Cayennepfeffer würzen.
3 Das Öl auf 180 °C erhitzen. Die Schollenfilets durch den Tempurateig ziehen und im heißen Öl in 4 Minuten goldgelb backen. Herausheben und auf Küchenpapier abtropfen lassen.

Asia-Sauce

Zutaten Asia-Sauce

1 Knoblauchzehe
1 Schalotte
1 EL eingelegter rosa Ingwer oder junger Galgant
1 EL Fünf-Gewürz-Pulver
300 ml Brühe (siehe Grundrezepte Seite 164)
150 ml geröstetes Sesamöl
150 ml Distelöl
80 ml salzige Sojasauce (Ketjap Asin)
80 ml süße Sojasauce (Ketjap Manis)
30 ml Pflaumensauce
30 ml süßsaure Sauce
1 EL rote Currypaste
80 ml Apfelessig
50 ml Reiswein
50 g Zucker
50 g Akazienhonig
10 g Glutamat
Tabasco
Salz
Tapiokamehl bei Bedarf

Die Knoblauchzehe und Schalotte abziehen und fein würfeln. Den Ingwer klein schneiden. Sämtliche Zutaten bis auf das Tapiokamehl 30 Minuten kochen. Nach dem Kochen pürieren und durch ein Sieb streichen. Eventuell mit Tapiokamehl andicken.

Vorspeisensalat

Zutaten Vorspeisensalat

1 Kopfsalatherz
2 Stängel Blattpetersilie
2 Stängel Pfefferminze
Ringelblumenblüten

Zutaten Balsamicodressing

1 Schalotte
Thymianzweige
Olivenöl
200 ml Portwein
400 ml Brühe (siehe Grundrezepte Seite 164)
200 ml Balsamico
500 ml Distelöl
300 ml Olivenöl
Salz, Pfeffer
Zucker oder Honig

Das Salatherz in seine einzelnen Blätter zerteilen, waschen und trockenschleudern. Die Kräuterblätter waschen, trockentupfen, abzupfen und mit den Salatblättern und Ringelblumen vermischen.

Balsamicodressing

Die Schalotte klein würfeln und mit den Thymianzweigen in Olivenöl andünsten. Mit dem Portwein ablöschen und einkochen lassen. Dann die Brühe zugeben, aufkochen und den Balsamicxo mit einem Sachneebesen einarbeiten. Mit Distel- und Olivenöl vermengen, salzen und pfeffern und mit Zucker oder Honig abschmecken.

Anrichten

Den Salat in der Mitte des Tellers platzieren. Außen herum die drei kleinen nordischen Köstlichkeiten anrichten und mit den beiden Saucen garnieren.

Tipp 3: Statt der Zucchiniblüte können auch normale Zucchini in Stifte geschnitten verwendet werden. Sie können auch fertigen Tempurateig im Asienladen kaufen.
Tipp 4: Sowohl das Balsamicodressing als auch die Asia-Sauce sind auf Vorrat zubereitet und halten sich mehrere Wochen im Kühlschrank.

Wildlachs in Gewürzmarinade gebeizt
an gebratenem grünem Spargel mit Kaviarcreme

Zutaten Wildlachs

500 g Wildlachsfilet
100 g Gewürzbeize
2 EL Pflanzenöl
2 Stängel Kerbel
100 g Lachsforellenkaviar (oder Osietra-Kaviar)
100 g Crème fraîche
Saft von 1 Zitrone
Salz
16 Stangen grüner Spargel
2 EL Olivenöl
schwarzer Pfeffer
100 g geriebener Appenzeller
1 Kopf Blattsalat (Lollo Rosso, Batavia)
4 EL Balsamicodressing (siehe Rezept Seite 70)

Wildlachs

1 Den Lachs mit der Gewürzmischung einreiben und 24 Stunden beizen.

2 Den Lachs abwaschen und trockentupfen. Das Pflanzenöl erhitzen, den Lachs darin auf beiden Seiten kurz anbraten, Haut und grauen Tran entfernen und das Fleisch in dünne Scheiben schneiden.

3 Den Kerbel hacken. Die Lachsforelleneier mit Crème fraîche, Zitronensaft und Kerbel vermischen und mit Salz abschmecken.

4 Den Spargel schälen und längs in 3 mm dicke Streifen schneiden. Das Olivenöl erhitzen, den Spargel darin anbraten, mit Salz und Pfeffer würzen, mit dem Appenzeller bestreuen und unter einem Grill überbacken.

5 Den Salat putzen, waschen, trockenschleudern und mit dem Dressing anmachen.

Zutaten Gewürzbeize

50 g Sternanis
8 g Wacholderbeeren
5 g Lorbeerblätter
5 g Thymian
5 g Fenchelkörner
5 g Kümmel
5 g schwarze Pfefferkörner
400 g grobes Meersalz
500 g brauner Zucker

Gewürzbeize

Die Gewürze bis auf Meersalz und Zucker in einem Mörser zerkleinern und mit Salz und Zucker vermischen.

Anrichten

Die überbackenen Spargelstreifen fächerförmig in der Mitte des Tellers anrichten. 1 Nocke Kaviarcreme und 4 Scheiben Lachs anlegen. Den Salat in einem Bouquet dazusetzen.

Savarin von Flusskrebsen
auf zweierlei Spargel mit Kressesauce

Zutaten Savarin von Flusskrebsen

28 lebende (ca. 2 kg) Flusskrebse oder 400 g ausgelöstes Krebsfleisch in Lake

150 g Lachsfilet

100 g kalte Sahne

abgeriebene Zitronenschale

1 EL Nolly Prat

1 Eiweiß

2 EL geschlagene Sahne

1 EL Butter

Salz

Cayennepfeffer

Savarin von Flusskrebsen

1 Die noch lebenden Krebse kopfüber in kochendes Salzwasser geben, die Hitze reduzieren und 3 Minuten ziehen lassen. In Eiswasser abschrecken. Hinter dem Kopfsegment den Krebsschwanz herausdrehen und vorsichtig das Fleisch aus dem Panzer lösen. Die Krebsschwänze längs halbieren und den Darmfaden entfernen.
2 Das Lachsfleisch anfrieren, in Würfel schneiden, mit Sahne, Zitronenschale und Nolly Prat in der Küchenmaschine pürieren. Das Eiweiß zugeben und unterschlagen. Die Masse durch ein Sieb streichen und mit der geschlagenen Sahne vermischen. Bis zum Gebrauch kühl lagern.
3 4 Savarinförmchen von 10 cm Ø ausbuttern und mit Salz und Cayennepfeffer ausstreuen. Das Krebsfleisch in die Förmchen geben und mit der Farce gut auffüllen. Mit Folie bedecken und diese unter den Förmchen zusammendrehen, so dass die Farce fest in die Förmchen gedrückt wird. Bis zum Gebrauch in den Kühlschrank stellen. Kurz vor dem Anrichten die eingepackten Savarins herausnehmen und mit einer Nadel 12 bis 15 kleine Löcher in die Klarsichtfolie stechen. Dann im Spargelkochfond 5 Minuten pochieren.
4 4 Krebsnasen von den Beinen und den Innereien befreien, gut auswaschen und 10 Minuten in Salzwasser auskochen. Die Nasen trockentupfen, die restliche Lachsfarce in einen Spritzbeutel füllen und in den Hohlraum einspritzen. Vor dem Servieren zusammen mit den Savarins pochieren.

Zutaten Spargel

400 g weißer Spargel

125 g Butter

1/2 Zitrone

Salz

Zucker

400 g grüner Spargel

Spargel

1 Den weißen Spargel fast bis unter die Spitze schälen, die holzigen Stielenden abschneiden und die Stangen in 2 Liter Wasser mit 100 Gramm Butter, Zitrone, Salz und Zucker 20 Minuten garen. Den Spargel in gesalzenem Eiswasser abschrecken.
2 Den grünen Spargel von den holzigen Enden befreien, im Spargelkochfond 8 Minuten kochen, abschrecken und abtropfen lassen.
3 Die Spitzen 4 cm lang abschneiden und die restlichen Stangen in dünne Scheiben schneiden. Zum Servieren in etwas Butter und Spargelkochfond erwärmen.

Fischsauce

1 Die Schalotten abziehen und würfeln. Die Butter erhitzen und die Schalottenwürfel darin glasig dünsten. Mit Nolly Prat und Weißwein ablöschen und die Flüssigkeit fast einkochen lassen. Mit Fischfond auffüllen und erneut etwas reduzieren. Die Sahne zugeben, aufkochen und mit einem Mixstab pürieren.

2 Fenchelsamen und Pfefferkörner zerstoßen, in den Fond geben und die Flüssigkeit auf die Hälfte einkochen.

3 Die Sauce durch ein Sieb gießen und mit Estragonessig, Salz und Cayennepfeffer abschmecken.

Zutaten Fischsauce

4 Schalotten

2 EL Butter

1 EL Nolly Prat

50 ml Weißwein

300 ml Fischfond aus dem Glas (oder siehe Grundrezepte Seite 164)

200 g Sahne

5 Fenchelsamen

5 weiße Pfefferkörner

1 EL Estragonessig, 6 % Säure

Salz

Cayennepfeffer

Zutaten Kressesauce

3 Kästchen verschiedener Kressesorten (Daikonkresse, Shisokresse, Gartenkresse)

Zitronensaft

Zucker

50 g Butter

400 ml Fischsauce

Kressesauce

Die Kressen aus den Kästchen schneiden und mit den restlichen Zutaten in einen Küchenmixer geben, mit der heißen Fischsauce übergießen und pürieren. Die Kressesauce muss sofort verwendet werden, da sie schon nach 10 Minuten grau wird.

Zutaten Senfblütenschlange

150 g Zucker

50 g Marzipan

Salz

1 TL Meerrettichsenf

3 Eier

1 Hand voll Senfblüten

150 g gesiebtes Mehl

Senfblütenschlange

1 Zucker, Marzipan, Salz und Meerrettichsenf verrühren und die Eier einzeln einarbeiten. 2 Stunden im Kühlschrank ruhen lassen.

2 Die Senfblüten fein hacken und mit dem Mehl unter den Teig heben. Die Masse in einen Spritzbeutel mit kleiner Lochtülle füllen und in langen Schlangenlinien auf ein Backblech spritzen. Im Ofen bei 180 °C (Gas Stufe 2–3, Umluft 160 °C) goldgelb backen und nach dem Erkalten auf ca. 25 cm Länge brechen.

Zutaten Möhrenstaub

2 Möhren

Salz

Möhrenstaub

Die Möhren schälen, der Länge nach so dünn wie möglich auf der Aufschnittmaschine schneiden und in Salzwasser 2 Minuten blanchieren. Auf Backpapier im Ofen bei 60 °C bei leicht geöffneter Tür trocknen und so fein wie möglich hacken.

Anrichten

1 Die Spargelspitzen auf einem warmen Teller abwechselnd grün und weiß nebeneinander anrichten und in die Mitte das klein geschnittene Spargelgemüse geben. Darauf den Savarin stürzen. In das Savarinloch die pochierte Krebsnase stecken und die Senfblütenschlange anlegen.

2 Die Kressesauce nochmals schaumig aufschlagen und angießen. Mit Kresseblättern, Möhrenstaub und Senfblüten garnieren.

Varianten

Bei einem knappen Haushaltsbuget können die Flusskrebse durch Tiefkühlshrimps ersetzt werden. Anstatt Spargel können Blumenkohl oder Zuckererbsen verwendet werden.

Als zweite oder alternative Sauce kann eine Krebssauce aus den Schalen hergestellt werden:

Krebssauce

Die gehackten Krebsscheren, Beine und Schalen in Öl scharf anbraten. Etwas gewürfeltes Gemüse wie Sellerie, Lauch, Fenchel, Champignons, Möhren, roter Paprika und Knoblauch zugeben und mitbraten. Mit Fenchelsamen, Koriander, Lorbeer, Kräuterstielen und Piment würzen, mit Cognac und Pernod ablöschen und 1 Esslöffel Tomatenmark hinzufügen. Mit Fischfond knapp auffüllen und stark einkochen. Die Sauce durch ein Sieb gießen, mit Salz, Cayennepfeffer und Balsamicoessig abschmecken, mit Sahne oder Crème fraîche verfeinern und etwas Butter zur Bindung und Geschmacksverbesserung einrühren.

Steinbutt in der Tandoorinudel
aus dem Aromadampf

Steinbutt

1 Das Sesamöl mit dem Tandoori-Gewürz und Salz vermischen, Ei und Eigelb einarbeiten. Das Mehl darüber sieben und zu einem glatten Teig kneten. Den Teig zu einer Kugel formen und abgedeckt 1 Stunde ruhen lassen.

2 Die Steinbuttfilets leicht mit Salz und Pfeffer würzen und mit etwas Sake beträufeln. Mit Folie abdecken und im Kühlschrank durchziehen lassen. Die Hälfte der Kräuterblätter in Streifen schneiden.

3 Den Nudelteig nochmals durchkneten und zu 4 Teigrechtecken von 12 bis 15 cm Länge und 6 bis 8 cm Breite ausrollen. Die Fischfilets in den Kräuterstreifen wenden, in den Nudelteig wickeln und die Ränder fest andrücken.

4 Den Ingwer in Scheiben schneiden und mit den restlichen Kräutern und Sake in das Dämpfwasser geben. Den Dämpfaufsatz mit Backpapier auslegen, die Nudel-Fisch-Päckchen darauf legen und zugedeckt 8 Minuten im Aromadampf garen.

Gemüse

1 Die Stiele von den Senfkohlblättern trennen und klein schneiden. Stiele und Blätter getrennt in Salzwasser blanchieren und in Eiswasser abschrecken.

2 Die Butter erhitzen und die Stielstücke darin gar dünsten. Mit Salz, Zitronenpfeffer und Sesam würzen, in die Blätter wickeln und zusammen mit den Fischpäckchen dämpfen.

Ingwersauce

1 Die Schalotte abziehen und fein würfeln. Die Ingwerwurzel schälen und fein reiben. 2 Esslöffel Butter erhitzen und Schalotte und Ingwer darin andünsten. Mit Weißwein und Nolly Prat ablöschen und um ein Drittel einkochen.

2 Mit dem Fischfond aufgießen und auf ein Drittel reduzieren. Die Sahne zugeben und bei mittlerer Hitze aufkochen. Die Sauce durch ein Sieb passieren und mit Salz, Zitronenpfeffer und Zitronensaft abschmecken. Kurz vor dem Anrichten mit der restlichen kalten Butter aufschlagen.

Zutaten Steinbutt

2 EL helles Sesamöl

20 g Tandoori-Gewürz (aus dem Asienladen)

Salz

1 Ei

1 Eigelb

100 g Mehl

4 Steinbuttfilets à 80 g

weißer Pfeffer

5 EL Sake

1 Bund Pfefferminze

1 Bund Koriandergrün

10 g Ingwerwurzel

Zutaten Gemüse

1 Kopf Senfkohl (Pak Choi)

Salz

3 EL Butter

Zitronenpfeffer

Sesam

Zutaten Ingwersauce

1 Schalotte

20 g Ingwerwurzel

4 EL Butter

100 ml trocknen Weißwein

2 EL Nolly Prat

400 ml Fischfond (siehe Grundrezepte Seite 164)

250 g Sahne

Salz

Zitronenpfeffer

Zitronensaft

Anrichten

Die Fisch- und Gemüsepäckchen auf den Teller geben und mit der aufgeschäumten Ingwersauce umgießen.

Geschmorte Maibockschulter
mit Morchelfüllung, Rübchen und neuen Kartoffeln an Bockbiersauce

Zutaten Maibockschulter

3 Schalotten
2 Stängel Blattpetersilie
400 g frische Morcheln (oder 100 g getrocknete Morcheln, eingeweicht)
4 Scheiben Toastbrot
150 g Butter
2 EL Olivenöl
Salz, schwarzer Pfeffer
500 ml Bockbier
2 Eigelbe
1 große Zwiebel
1 große Möhre
1/2 Knolle Sellerie
1 Maibockschulter ohne Knochen
4 EL Pflanzenöl
2 EL Tomatenmark
125 ml Rotwein
4 Wacholderbeeren
2 Nelken
1 Lorbeerblatt
3–4 EL Waldhonig
300 ml braune Grundsauce (siehe Grundrezepte Seite 164)

Maibockschulter

1 Die Schalotten abziehen und fein würfeln. Die Blattpetersilie in feine Streifen schneiden. Die Morcheln waschen und große Pilze halbieren. 12 kleine Morcheln für das Kartoffelgemüse beiseite legen.
2 Das Toastbrot von der Kruste befreien und in kleine Würfel schneiden. Ein Viertel dieser Croûtons in 4 Esslöffel Butter goldgelb rösten.
3 Das Olivenöl erhitzen und die Morcheln darin anbraten. Schalottenwürfel und Petersilie zugeben und mit Salz und Pfeffer würzen. Die Pilze mit 100 Milliliter Bockbier ablöschen, vom Herd nehmen und 4 Esslöffel Butter einrühren.
4 Beide Arten Toastbrotwürfel unter die warme Masse heben, nochmals mit Salz und Pfeffer abschmecken und die Eigelbe einarbeiten.
5 Zwiebel, Möhre und Sellerie schälen und in große Würfel schneiden. Die ausgelöste Maibockschulter innen und außen mit Salz und Pfeffer würzen, mit der Morchelmasse füllen, zusammenrollen und mit Küchengarn verschnüren.
6 Das Pflanzenöl in einem Bräter erhitzen und das Fleisch von allen Seiten scharf anbraten. Das Fleisch herausnehmen und die Gemüsewürfel im Bräter anbraten. Das Tomatenmark zugeben, ebenfalls etwas Farbe annehmen lassen, mit Rotwein ablöschen und die Flüssigkeit einkochen.
7 Das Gemüse mit dem restlichen Bockbier aufgießen und die zerdrückten Wacholderbeeren, Lorbeerblatt und Nelken zugeben. Die Maibockschulter in die Sauce legen und zugedeckt im Ofen bei 160 °C (Gas Stufe 2, Umluft 130 °C) 90 Minuten schmoren. Nach 70 Minuten den Honig über den Braten laufen lassen.
8 Den Braten aus der Sauce nehmen und warm stellen. Die Sauce durch ein Sieb gießen, mit der Grundsauce auffüllen und mit Salz und Pfeffer abschmecken. Kurz vor dem Anrichten mit der restlichen Butter aufschlagen.

Anrichten

Die Schulter vom Faden befreien und in Scheiben schneiden. Das erwärmte Gemüse in der Tellermitte anrichten, die Fleischscheiben darauf legen und mit der frisch aufgeschlagenen Sauce umgießen. Fertig ist ein kleines Wunderwerk.

Tipp: Für die Kartoffeln eignet sich auch die rotschalige Sorte Roseval, die man wegen des Farbeffektes nicht schälen sollte.

Kartoffeln und Rübchen

1 Die Kartoffeln unter kaltem Wasser sauber bürsten und mit Kümmel und Meersalz weich kochen. Noch heiß pellen und in Stücke schneiden.
2 Das junge Grün der Rübchen entfernen und in feine Streifen schneiden. Die Rübchen schälen, vierteln, in Salzwasser blanchieren und in Eiswasser abschrecken. Die Morcheln ebenfalls kurz blanchieren und abschrecken.
3 Kurz vor dem Anrichten die Butter erhitzen, das Gemüse darin erwärmen, das Rübchengrün zugeben und mit Salz und Pfeffer abschmecken.

Zutaten Kartoffeln und Rübchen

8 kleine neue Kartoffeln
Kümmel
Meersalz
2 Bund Teltower Rübchen (Navetten)
Salz
12 kleine Morcheln
2 EL Butter
schwarzer Pfeffer

Stubenküken gegrillt,
gebraten und pochiert

Zutaten Stubenküken gebraten

4 Stubenküken

4 EL Pflanzenöl

Meersalz, schwarzer Pfeffer

4 Limetten

einige Zweige junger Thymian

50 g Butter

600 ml braune Grundsauce (siehe Grundrezepte Seite 164)

Stubenküken gebraten

1 Die Küken von eventuell verbliebenen Federkielen befreien, waschen, trockentupfen und mit etwas Öl einreiben. Mit Meersalz und schwarzem Pfeffer würzen. Die Limetten vierteln und die Küken mit dem Saft beträufeln.
2 Den Backofen auf 180 °C (Gas Stufe 2–3, Umluft 160 °C) vorheizen. Die Thymianzweige mit dem Messerrücken zerdrücken und mit den ausgepressten Limettenvierteln in die Küken stecken. Das restliche Öl erhitzen, die Küken darin goldbraun anbraten und im heißen Ofen 15 bis 25 Minuten fertig braten. Zwischendurch mit dem Bratöl übergießen. Die Küken sind gar, wenn aus der Keuleninnenseite beim Hineinstechen klarer Fleischsaft austritt.
3 Die Butter zugeben, die Küken nochmals begießen, Keulen und Brüste ablösen und warm stellen.
4 Karkassen und Bratensaft mit der Grundsauce aufkochen, durch ein Sieb gießen und mit Salz und Pfeffer abschmecken.

Zutaten Stubenküken pochiert

1 kleine Zwiebel

2 junge Knoblauchzehen

1 Stange Staudensellerie

1 Sorte Kräuter, z. B. Basilikum, Estragon, Kerbel oder Zitronenmelisse

1,5 l Geflügelfond (siehe Grundrezepte Seite 164)

250 ml trockener Weißwein

40 ml Sherry

4 Stubenküken

500 g Sahne

100 g Butter

Meersalz

schwarzer Pfeffer

Stubenküken pochiert

Eine besonders elegante Variante der Stubenkükenzubereitung ist das Pochieren im Fond. Dabei wird der Eigengeschmack besonders betont.

1 Die Zwiebel und Knoblauchzehen abziehen und würfeln. Den Staudensellerie klein schneiden. Die Kräuterblättchen von den Stielen zupfen.
2 Den Fond mit Weißwein, Sherry, klein geschnittenem Gemüsen und Kräuterstielen aufkochen und die Küken darin 20 Minuten pochieren. Das Geflügel herausnehmen, ein Tuch mit Fond befeuchten, die Küken damit bedecken und warm stellen.
3 Den Fond durch ein Sieb passieren und auf ein Viertel einkochen. Die Sahne zugeben und nochmals aufkochen. Die Sauce mit den abgezupften Kräuterblättern und der Butter in einem im Küchenmixer pürieren und mit Salz und Pfeffer würzen.

Tipp: Stubenküken haben gerade die richtige Portionsgröße von 300 bis 400 Gramm und sind schnell nach 15 bis 25 Minuten gar. Man kann sie noch während eines Menüablaufs zubereiten. Die Gäste werden es mit Beifall würdigen, wenn Sie ein frisch gegartes Küken aufgetischt bekommen.

Spargel

Spargel ist die ideale Beilage zu gebratenem und pochiertem Stubenküken. Zur Spargelzubereitung siehe »Savarin von Flusskrebsen« Seite 72 ff., »Spargel-Morchel-Salat« Seite 85 oder gebratener Spargel im Rezept »Wildlachs in der Gewürzmarinade gebeizt« Seite 71.
Außerdem können Sie frisch gekochte Bamberger Hörnchenkartoffeln mit zerlassener Butter dazu reichen.

Zutaten Stubenküken gegrillt

4 Stubenküken

1 Gewürzmischung nach Belieben, z. B. Currypaste, Tandooripulver, 5-Gewürz-Pulver, Chilimischung spicy oder Kräutermischung mit jungem gehacktem Knoblauch

2 EL Maiskeimöl

Meersalz

Stubenküken gegrillt

Sozusagen die amerikanische Art der Zubereitung, da in den USA das Barbecue ein Volkssport ist. Damit es schneller geht, werden die Küken aufgeschnitten und flach gedrückt.

1 Die Küken von eventuell verbliebenen Federkielen befreien, waschen, trockentupfen, mit einem Sägemesser oder einer Geflügelschere den Rücken des Kükens aufschneiden und flach drücken.
2 Mit der ausgewählten Gewürzmischung und Öl einreiben. Mit Salz würzen und 20 Minuten unter mehrmaligem Wenden unter einem Elektrogrill, über einem Holzkohlengrill oder in einer Grillpfanne garen.

Passende Beilagen

Hierzu passt alles was das Grillerherz begehrt: Riesenchampignons, Paprika, Auberginen, Maiskolben und Baked Potatoes mit Sauerrahm, Texasbohnen usw.

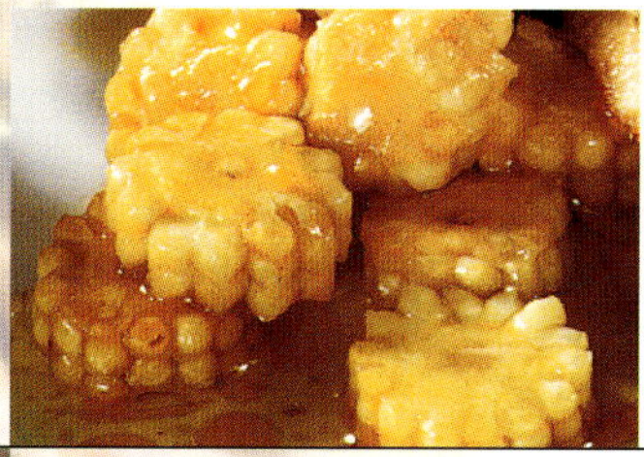

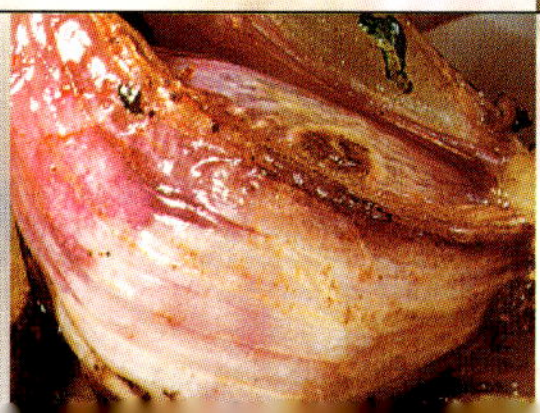

Spanferkel aus dem Ofen
mit Gebirgsblütenhonig glasiert

Zutaten Spanferkel

1 Spanferkelkeule mit Knochen

2 EL Pflanzenöl

Salz, schwarzer Pfeffer

3 Zwiebeln

150 g Gebirgsblütenhonig

500 ml Schwarzbier

1 l braune Grundsauce (siehe Grundrezepte Seite 164)

eventuell 1 EL Speisestärke

Spanferkel

1 Den Backofen auf 180 °C (Gas Stufe 2–3, Umluft 160 °C) vorheizen. Die Schwarte der Keule ca. 1 cm tief rautenförmig einschneiden und mit Öl, Salz und Pfeffer einreiben. Die Zwiebeln abziehen, grob würfeln und einen Bräter damit auslegen. Die Keule darauf setzen, 2 Liter Wasser angießen und im heißen Ofen 45 bis 55 Minuten braten.

2 Nach der Hälfte der Garzeit, wenn eine leichte Bräunung der Schwarte eingetreten ist, diese mit dem Honig bestreichen und dem Bier übergießen. Die Keule unter ständigem Begießen zu Ende garen. Die Keule herausnehmen und an einem warmen Ort 15 Minuten ruhen lassen.

3 In der Zwischenzeit den Bratensaft entfetten und mit der Grundsauce aufkochen. Mit Salz und Pfeffer abschmecken und eventuell mit Speisestärke binden. Durch ein feines Sieb passieren und mit der Keule servieren.

Passende Beilagen

Als Beilagen eignen sich junges Gemüse, Kartoffeln in allen Variationen, Nudeln, Frühwirsing, Mairüben und Pfifferlinge.

Erdbeertörtchen mit Proseccogelee
und geeister Waldmeisterbowle

Zutaten Geeiste Waldmeisterbowle

500 ml Weißwein
40 g Zucker
1 Bund Waldmeister (ca. 100 g)
2 Blatt Gelatine
250–500 ml Prosecco

Zutaten Anrichten

100 g gehackte Pistazien
4 Erdbeeren, in Scheiben geschnitten

Zutaten Erdbeertörtchen

3 Eier
30 g Marzipan
100 g Zucker
Salz
50 g Mehl
100 g Schokolade
500 ml Prosecco
3 Blatt Gelatine
500 g Erdbeeren

Geeiste Waldmeisterbowle

1 Den Weißwein leicht erwärmen und den Zucker darin auflösen. Den Wein wieder erkalten lassen, die Waldmeisterblätter einlegen und über Nacht ziehen lassen. Einige Blätter für die Garnitur beiseite legen. Am nächsten Tag durch ein Sieb gießen.
2 Die Gelatine in kaltem Wasser einweichen, ausdrücken, in etwas Waldmeisterfond leicht erwärmen und darin auflösen. Zur restlichen Waldmeisterflüssigkeit geben und einfrieren.
3 Kurz vor dem Servieren in grobe Stücke hacken, mit einer Küchenmaschine fein zerkleinern und mit der gewünschten Menge Prosecco verrühren.

Info

Die Gelatine sorgt für eine bessere Gefrierkonsistenz.

Erdbeertörtchen

1 Die Eier trennen. Eigelbe, Marzipan, 1 Esslöffel Zucker und Salz zu einer schaumigen Masse verrühren. Eiweiß mit 50 Gramm Zucker steif schlagen und mit dem gesiebten Mehl vorsichtig unter die Schaummasse heben.
2 Den Backofen auf 220 °C (Gas Stufe 4–5, Umluft 190 °C) vorheizen. Ein Blech mit Backpapier auslegen, die Biskuitmasse darauf streichen und im heißen Ofen 8 bis 12 Minuten backen.
3 Kreise mit 12 cm Ø aus dem Biskuitboden ausstechen. Die Schokolade über einem Wasserbad schmelzen und die Biskuitböden damit bestreichen.
4 Die Gelatine in kaltem Wasser einweichen, ausdrücken, etwas Prosecco mit dem restliche Zucker leicht erwärmen und die Gelatine darin auflösen. Mit dem restlichen Prosecco verrühren und fast erkalten lassen.
5 Die Erdbeeren waschen und putzen. Ca. 7 gewaschene Erdbeeren pro Törtchen halbieren und auf die schokoladeüberzogenen Biskuitböden setzen. Ringe in der Größe der Böden darüber setzen und mit dem kalten aber noch flüssigen Proseccogelee aufgießen. Kühl stellen bis das Gelee fest geworden ist.

Anrichten

Die Törtchen vorsichtig aus dem Ring schneiden und an den Rand gehackte Pistazien drücken. Die kleine Erdbeertorte in der Tellermitte platzieren und die geeiste Waldmeisterbowle angießen. Mit frischen Waldmeisterblättern und Erdbeerstücken umlegen.

Tipp 1: Geeiste Waldmeisterbowle ist schon allein ein Gedicht. Als selbstständiges Dessert einen eiskalten Suppenteller mit dünn geschnittenen Erdbeeren auslegen und die Bowle angießen. Einige Waldmeisterblätter als Garnitur darauf geben und den gesamten Teller mit Puderzucker bestäuben.
Tipp 2: Naturjoghurt und etwas Zucker aufgeschlagen ergibt einen schönen Schaum zum Garnieren.

Holunderblüten in Tempurateig gebacken
mit glasierten Nespoli

Zutaten Gebackene Holunderblüten

200 g Reismehl
200 ml Sake (ersatzweise Weißwein)
2 EL Pflanzenöl
2 Eier
Zucker
Salz
4 große Holunderblüten am Stiel
2 l Öl zum Frittieren
12 Nespoli (Mispeln)
50 g Butter
2 EL Honig
100 ml Weißwein

Zutaten Anrichten

Puderzucker

Gebackene Holunderblüten

1 Das Reismehl mit Sake, Pflanzenöl und Eiern glatt rühren und mit Zucker und Salz würzen.
2 Das Öl auf 180 °C erhitzen, die Holunderblüten durch den Teig ziehen und im heißen Öl goldgelb frittieren. Herausnehmen und auf Küchenpapier abtropfen lassen.
3 Die Nespoli (Mispeln) häuten, entkernen und in Streifen schneiden. Die Butter erhitzen und die Nespoli darin andünsten. Den Honig zugeben, mit dem Weißwein ablöschen und einkochen, bis die Nespoli mit der Flüssigkeit überzogen sind.

Anrichten

Auf einen vorgewärmten Teller Holunderblüten mit den glacierten Nespoli anrichten und mit Puderzucker bestäuben.

Manchego-Körbchen mit Kräutersalat
in Himbeeressig-Dressing

Manchego ist ein Schafskäse aus dem spanischen La Mancha, der Heimat Don Quijotes. Seine hellgelbe bis schwarze Rinde zeigt noch den Abdruck von Blumen oder Zöpfen aus getrockneten Gräsern, mit denen die Käseform ausgekleidet ist.

Zutaten Manchego-Körbchen

300 g Manchego

Zutaten Kräutersalat

1 Bund gemischte Kräuter (Blattpetersilie, Pimpinelle, Kerbel, Borretsch und Brunnenkresse)

40 ml Himbeeressig

150 ml Traubenkernöl

100 ml Maiskeimöl

20 ml Distelöl

125 g Joghurt

1 TL Balsamicoessig

2 EL Akazienhonig

Salz, weißer Pfeffer

Manchego-Körbchen

1 Den Manchego grob reiben und die Späne ca. 1 Stunde antrocknen lassen.
2 Portionsweise den Boden einer kalten, beschichteten Pfanne mit geriebenem Käse bedecken. Die Pfanne erhitzen und mit einer Palette den goldgelb schmelzenden Käse vom Rand lösen.
3 Den Käse vom Herd nehmen, in der Pfanne etwas ruhen lassen, noch warm in eine Tasse drücken und erkalten lassen. Der Käse wird schnell fest und kann nach Belieben gefüllt werden.

Kräutersalat

1 Die Kräuter waschen, trockentupfen und die Blätter abzupfen.
2 Die restlichen Zutaten für das Dressing in eine Küchenmaschine geben und sämig aufschlagen oder mit einem Schneebesen verrühren.

Anrichten

Die Manchego-Körbchen mit der Öffnung zur Seite auf den Teller legen. Die Kräuterblätter halb in den Korb, halb auf den Teller legen und Blätter und Teller mit dem Dressing beträufeln.

Zutaten Variante

400 g Spargel

200 g frische Morcheln

2 Schalotten

2 EL Sonnenblumenöl

6 cl Balsamicoessig

100 ml Brühe (siehe Grundrezepte Seite 164)

2 Tropfen Trüffelöl

100 ml Traubenkernöl

Salz, schwarzer Pfeffer

Variante Spargel-Morchel-Salat

Das Manchego-Körbchen kann auch mit einem Spargel-Morchel-Salat gefüllt werden.

1 Den Spargel schälen und 20 Minuten in Salzwasser garen.
2 Die Morcheln waschen und in Scheiben schneiden. Die Schalotten abziehen und fein würfeln. Das Sonnenblumenöl erhitzen und Morcheln und Schalotten darin andünsten. Mit Balsamicoessig und Brühe aufgießen, aufkochen und mit Trüffel- und Traubenkernöl vollenden. Mit Salz und Pfeffer würzen.
3 Den Spargel aus dem Kochwasser heben und noch warm zu den Morcheln geben.

Tipp 1: Mit frischen oder gefrorenen Himbeeren schmeckt das Dressing noch intensiver. Sie werden püriert und durch ein Sieb gestrichen, um die Kerne zu entfernen.
Tipp 2: Trüffelöl immer vorsichtig verwenden, da der Geschmack sehr dominant ist.

Ein Wortspiel der besonderen Art: Erst das Aufzeigen von Gegensätzen eröffnet neue kulinarische Genüsse. Eine gute Küche versucht mit dem vorhandenen Angebot zu experimentieren, gleichzeitig frische Leichtigkeit mit nahrhafter Zufriedenheit zu verbinden.

Juli

Erfrischend heiße

Eiszeit

Erfrischend heiße
Eiszeit

Juli

Stall und Land

Schlachtfleisch, Geflügel:
Heidschnucke
Wild, Wildgeflügel:
Gämse (August), Hirsch, Mufflon (August), Reh, Wildgans (August), Wildschwein, Wildtaube

Wasser und Strand

Fisch – Süßwasser:
Aal, Bachforelle, Felchen, Zander
Fisch – Salzwasser:
Bonito, Drachenkopf (Rascasse), Makrele, Merlan, Schwertfisch, Stör, Thunfisch, Wildlachs, Zackenbarsch
Krusten-, Schal-, Weichtiere:
Flusskrebs, Hummer, Languste, Nordseekrabbe, Tiefseegarnele, Taschenkrebs

Garten und Beet

Obst:
Aprikose, Birne, Brombeere, Erdbeere (bis Juli), Granatapfel, Heidelbeere, Himbeere, Johannisbeere, Melone, Mirabelle, Nektarine, Nespoli (Mispelfrüchte), Pfirsich, Pflaume, Sauer- und Süßkirsche, Stachelbeere
Gemüse:
Aubergine, Bamberger Hörnchen, Bohnen, Blumenkohl, Brokkoli, Cornichon, Erbsen, Fenchel, Gurke, Kaiserschote, Kartoffel, Knollensellerie mit Grün, Kohlrabi, Mangold, Okra, Paprika, Radieschen, Rettich, Schmorgurke, Tomate, grüne Walnüsse, Zucchini, Zucchiniblüte, Zwiebel
Salat:
Batavia, Eichblatt, Endivie, Frisée, Grüner Löwenzahn, Kopfsalat, Lollo Rosso, Lollo Bianco, Portulak, Radicchio
Kräuter:
Basilikum, Beifuß, Blattpetersilie, Bohnenkraut, Dill, Estragon, Fenchelgrün, Kapuzinerkresse, Kerbel, Liebstöckel, Lavendel, Lorbeer, Majoran, Minze, Oregano, Petersilie, Pfefferminze, Rosma-

Tipp: Verschiedene Lebensmittel eignen sich in dieser Zeit sehr gut zum Einmachen, Kandieren und Ansetzen. So kann man zum Beispiel in der Schöpferischen Neuzeit (Januar/Februar) auf eingemachtes Gemüse zurückgreifen.

rin, Salbei, Schnittlauch, Schnittsellerie, Thymian, Ysop (Josefkraut), Zitronenmelisse, Zitronenthymian

Essbaren Blüten:

Begonie, Borretsch, Goldmelisse, Heckenrose, Knoblauch, Lavendel, Orange, Ringelblume, Rose, Salbei, Senf, Sumpfdotterblume, Stiefmütterchen, Veilchen

Pilze:

Butterpilz, Goldröhrling, Goldstielpfifferling, Krause Glucke, Pfifferling, Schopftintling, Semmelstoppel (Pied de Mouton), Sommertrüffel, Steinpilz

Sonstiges

Käse:

Bleu d'Auvergne, Brie de Meaux, Brillat-Savarin, Mozzarella, Taleggio, Valencay

Eingemachte Bohnen

800 Milliliter Wasser mit 600 Milliliter Weißweinessig, Bohnenkraut, Salz, einigen Senf- und Pfefferkörnern sowie 1 Lorbeerblatt und etwas Zucker aufkochen. 2 Kilogramm Bohnen putzen, in Stücke schneiden und mit dem heißen Fond in abgekochte Einmachgläser füllen. Die verschlossenen Gläser in einem Topf mit Wasser ca. 60 Minuten bei 90 °C zugedeckt garen.
Fast alle Gemüsesorten lassen sich auf diese Weise haltbar machen, z. B. Blumenkohl, Möhren, Sellerie, Staudensellerie, Gurken, Kürbis oder Erbsen. Jedoch sollte man anstelle des Bohnenkrautes andere Kräuter verwenden.

Schwarze Nüsse (Kandierte Nüsse)

Die noch unreifen grünen Walnüsse haben nun noch keinen festen Kern gebildet. Man kann sie kandieren (Schwarze Nüsse), wenn man die unreifen Fruchtkörper mit einem Zahnstocher mehrmals einsticht und in Leuterzucker (1 Liter Wasser mit 500 Gramm Zucker) einlegt. Nach einer Woche wird der Fond abgegossen und nochmals mit 200 Gramm Zucker aufgekocht.
Ist der Sud handwarm werden die Nüsse wieder eingelegt und eine weitere Woche mariniert. Dieser Vorgang wird 3 bis 4 Wochen wiederholt, bis die Nüsse vollkommen schwarz und durch den Zucker kandiert sind.

Rumtopf

Einen Rumtopf ansetzen ist sehr einfach. Immer, wenn man gerade reife Früchte und Beeren hat, in mundgerechte Stücke schneiden, etwas zuckern, Wasser ziehen lassen und mit 40-prozentigem Rum übergießen. Je nach Geschmack kann man Gewürze hinzufügen (Zimt, Anis, Vanille, Orangenschale oder Kardamom). Die Früchte sollten kühl und dunkel stehen und müssen immer mit Rum bedeckt sein. Ab November ist dann Rumtopfsaison.

WER & WIE? WAS & WIESO?
WESHALB & WARUM?

Manche Gäste möchten es ganz genau wissen. Hier ein paar Informationen, die Sie – vielleicht – verblüffen werden.

Aal

Dieser delikate Knochenfisch bringt es auf einen Fettgehalt von 26%. Im Aalblut befindet sich ein starkes Nervengift, das erst durch Kochen oder Räuchern zerstört wird. Der Fisch, der unter dem Namen Aalmutter bekannt ist, hat diesen Namen nur, weil seine Jungen wie Aale aussehen. Es handelt sich dabei um einen Meeresfisch aus der Familie der Schleimfische, dessen Gräten beim Garen grün werden.

Bonito

Der Bonito gehört zu den Makrelenfischen und wird bis zu 80 cm lang. Man erkennt ihn an den 4 bis 7 Längsstreifen auf der silbrigen Bauchseite. Außerdem besitzt er hinter der Rückenflosse noch 7 bis 10 kleine Flossen. Er gehört wie die Makrele auch zu den hochwertigen Speisefischen.

Gurke

Die höchst vielseitige Frucht ist biologisch gesehen eine Kreuzung aus einer Beere und einem Kürbisgewächs. Die Gurke ist vielseitig verarbeitbar. Ihr kleinstes, in Essig und Kräutern eingelegtes Exemplar ist als Cornichon bekannt. Allerdings sind Gurken nicht sehr nahrhaft, sie bestehen zu 97% aus Wasser. Jedoch ist die erfrischende Wirkung eines guten Gurkensalates nicht zu verachten.
Geschätzt wurde sie schon von den alten Griechen, die sogar eine Stadt nach ihr benannten: Sikyon (Gurkenstadt).

Johannisbeeren

Johannisbeeren stammen möglicherweise aus Skandinavien, denn die ältesten Johannisbeerkerne fand man in Dänemark. Von dort ausgehend verbreitete sich die Gartenjohannisbeere im 15. Jahrhundert als Kulturpflanze in Richtung Süden.

Lomo-Iberico-Schinken

Im Spanischen bedeutet »lomo« Rücken, allerdings nur bei Tieren. Dieser Schinken stammt von Schweinen, die in den Stein- und Korkeichenwäldern in Andalusien und im westlichen Kastilien halbwild leben und sich überwiegend von Eichel ernähren. Der Schinken wird gesalzen und luftgetrocknet und schrumpft durch den Wasserentzug auf die Hälfte seiner ursprünglichen Größe zusammen.

Okra

Okra sind die Schoten des Malvengewächses »hibiskus esculentus«. Dieses Gemüse besteht aus fingerdicken, leicht gebogenen, sechskantigen, schnabelförmigen Kapseln mit zahlreichen kleinen runden Samen. Die Fruchtfarbe variiert sortenabhängig zwischen cremefarbig-weiß und dunkelgrün oder rot. Afrikanische Sklaven brachten angeblich die Okra nach Amerika. Nach Europa kamen sie erst auf diesem Umweg. In der Karibik zählten Okra schon immer zu den Grundnahrungsmitteln. Die Lieblingsspeise Fidel Castros ist ein kubanisches Okragericht mit dem Namen »foofoo«.

Pfefferminze

Da die Minze eine Pflanze ist, die sich gut für Kreuzungen eignet, gibt es viele Unterarten der Minze, so auch die Pfefferminze mit ihrem leicht brennenden (Pfeffer) und doch kühlen, frischen Geschmack (Minze). Minze ist sehr beliebt als Dekoration bei Desserts. Von den Arabern können wir aber lernen, dass das fast eine Verschwendung ist. Sie kauen sie nicht nur, weil ihr Aroma den Appetit weckt, sondern auch weil ihr eine aphrodisische Wirkung nachgesagt wird. Selbst die Engländer wollen auf ihre heiß geliebten Mintplätzchen nicht verzichten.

Pfifferlinge

Pfifferlinge gehören zu den bekanntesten und beliebtesten Speisepilzen. Sie wachsen gern in Buchenwäldern und können nicht gezüchtet werden. Pfifferlinge haben viele Namen. Sie werden auch Eierschwamm, Dotterpilz, Gelbling, Gelbfüsschen, Gelbohr, Gelbschwämmchen, Gänschen, Galuschel, Geelchen, Reherl, Rehfüsschen, Rehling und Pfefferling genannt.

Poularden

Die Poularde ist ein 1,5 bis 2,5 Kilogramm schweres, nicht geschlechtsreifes Masthuhn, dessen zartes, weißes, festes Fleisch durch besondere Haltung und Fütterung erzielt wird.

Sorbet

Das von den Arbaber stammende erfrischende Kühlgetränk wurde ursprünglich aus Rosinenwassser zubereitet, das dann mittels Schnee angefroren wurde. Heute versteht man unter einem Sorbet ein dünnflüssiges Eis (Halbgefrorenes), das aus Fruchtsaft, Läuterzucker und Süßwein hergestellt wird. Die alkoholfreie Variante gibt es natürlich auch; sie heißt Granité was soviel wie »lockere Eiskristalle« bedeutet.

Zucchiniblüten

Wenn die Straßenverkäufer in Neapel lautstark die frittierten Zucchiniblüten anpreisen, steht der Sommer vor der Tür. Zucchini sind zwar mittlerweile auch bei uns heimisch, aber die Blüten kommen nur selten auf den Markt. Die weiblichen Blüten mit kleinem Fruchtansatz werden pur gebacken, die männlichen dagegen meist gefüllt.

Gegrillter Bonito
auf mariniertem Pfifferling-Lomo-Spieß mit Balsamico-Johannisbeeren

Zutaten Bonito

1 ganzer Bonito von 1,5 kg oder 600–800 g Bonitofilet

4 Knoblauchzehen

2 EL Olivenöl

4 Zweige Rosmarin

Zutaten Pfifferlingspieß mit Lomo-Iberico-Schinken

250 g Pfifferlinge

8 Schalotten

150 g Lomo-Iberico-Schinken (aus dem Feinkostgeschäft)

4 Zweige Rosmarin

2 EL Olivenöl

schwarzer Pfeffer

Zutaten Balsamico-Johannisbeeren und Salat

250 g Johannisbeeren

2 EL Butter

2 EL Puderzucker

100 ml Balsamicoessig

100 ml Brühe (siehe Grundrezepte Seite 164)

200 ml Olivenöl

1 Kopf Friséesalat

200 g Portulak

Bonito

1 Mit einem scharfen Sägemesser den Bonito portionieren. Die Filets entgräten und das Schwanzteil mit Flosse für die Garnitur in 4 Teile schneiden. Die Flossenteile können schon vorher gegrillt werden, sie werden nicht mitgegessen.

2 Aus dem Fischfilet 4 gleich große, 2 cm dicke Scheiben schneiden. Das Olivenöl in einer Grillpfanne erhitzen, den Fisch darin anbraten, Knoblauch und Rosmarinzweige hinzufügen und in 4 bis 6 Minuten bis zur gewünschten Garstufe fertig grillen. Bonito wird sehr schnell trocken, deshalb sollte er innen noch glasig sein.

Pfifferlingspieß mit Lomo-Iberico-Schinken

Die Pfifferlinge putzen, die Schalotten abziehen und halbieren und den Schinken dünn aufschneiden. Abwechselnd Pfifferlinge, Schalottenhälften und Schinken auf die Rosmarinzweige (ersatzweise Holzspieße) stecken, mit Olivenöl beträufeln und mit Pfeffer würzen. Den Spieß auf allen Seiten grillen und mit dem Balsamico-Johannisbeer-Dressing beträufelt anrichten.

Balsamico-Johannisbeeren und Salat

1 Die Johannisbeeren waschen, am Stängel in zerlassener Butter andünsten, mit Puderzucker bestäuben und leicht karamellisieren. Mit Balsamico und Brühe ablöschen und die Beeren aus der Pfanne nehmen. Den Bratfond in einem Küchenmixer mit dem Olivenöl aufschlagen und als Dressing verwenden.

2 Die Salate in Blätter zerteilen, waschen und trockenschleudern.

Anrichten

Die Salatblätter mit dem Dressing anmachen und auf vier Teller verteilen. Darauf die Spieße, gegrilltes Bonitofilet und die Johannisbeeren anrichten. Die Stücke des Bonitoschwanzes auf die Teller stellen und sofort servieren.

Varianten

Dieses Rezept eignet sich auch für Wildtauben, die im Ganzen im Ofen gebraten 10 bis 15 Minuten brauchen.

Sollten die Pfifferlinge sehr sandig sein, vor dem Waschen mit Mehl bestäuben. Der Sand wird mit dem Mehl weggewaschen.

Da Lomo Iberico nicht immer zu bekommen ist, kann er durch Coppa di Parma oder Schwarzwälder Rauchschinken ersetzt werden.

Tipp: Dieser Schinken von der Iberischen Halbinsel schmeckt ganz dezent nach Eicheln und Nüssen. Auch zum Spargel oder mit Kräuteroliven und Steinofenbrot ein Gedicht.

Juli August

Mousse von Brillat-Savarin
mit lauwarmem Banyuls-Melonen-Kompott

Zutaten Brillat-Savarin-Mousse

200 g Brillat-Savarin (Frischkäse)

2 EL Brühe (siehe Grundrezepte Seite 164)

Salz, schwarzer Pfeffer

Zitronensaft

5 Blatt Gelatine

100 g Sahne

250 ml Banyuls (französischer Süßwein)

1 TL Honig

200 g Cordifoile (Salatpflanze aus Nordafrika)

1 Bund Kerbel

Zutaten Banyuls-Melonen-Kompott

1/2 Wassermelone

1 Honigmelone

1 EL Honig

Banyuls nach Bedarf

Brillat-Savarin-Mousse

1 Den Käse durch ein Sieb streichen, mit der Brühe glatt rühren und mit Salz, Pfeffer und Zitronensaft abschmecken.
2 2 Blatt Gelatine in kaltem Wasser einweichen, ausdrücken und in etwas erwärmten Käse auflösen. Zum restlichen Käse geben.
3 Die Sahne steif schlagen, unter die Käsemasse heben, in eine kleine flache Form füllen, die Oberfläche glatt streichen und die Mousse kühl stellen.
4 Die restliche Gelatine in kaltem Wasser einweichen und ausdrücken. Den Banyuls leicht erwärmen und Honig und Gelatine darin auflösen. Abkühlen und kurz vor dem Festwerden auf die Mousse gießen, so dass die Oberfläche mit einem 3 mm dicken Geleespiegel abgeschlossen ist.
5 Den Salat und den Kerbel putzen, waschen und trockenschleudern.

Banyuls-Melonen-Kompott

1 Die Melonen halbieren und von Kernen befreien.
2 Mit einem Parisienne-Ausstecher Kugeln aus den Melonen ausstechen. Das restliche Melonenfruchtfleisch pürieren, mit Honig und Banyuls nach Geschmack vermischen und durch ein Sieb streichen. Die Melonenkugeln darin marinieren.

Anrichten

Etwas Melonenmarinade als Spiegel auf einem kalten Teller anrichten und um ihn herum abwechselnd Melonenkugeln und Salatblätter legen.
Brillat-Savarin-Mousse mit Gelee und klein gezupften Kerbel garnieren und in der Tellermitte platzieren.

Juli August

Dreierlei kalte Suppen
von roten Tomaten, grünen Gurken und gelben Paprika

Zutaten
Rote Tomatensuppe

1 Knoblauchzehe
500 g Tomaten
1/2 Bund Basilikum
Tabasco
Salz, schwarzer Pfeffer

Zutaten
Gelbe Paprikasuppe

3 gelbe Paprika
100 ml Orangensaft
100 ml Gemüsebrühe (siehe Grundrezepte Seite 164)
Chilipulver
Salz

Zutaten
Grüne Gurkensuppe

1 Gurke
3 EL Olivenöl
150 g Joghurt
1/2 TL Wasabi
Salz, weißer Pfeffer

Zutaten Geleewürfel

6 Blatt Gelatine

Rote Tomatensuppe
Die Knoblauchzehe abziehen. Die Tomaten vom Stielansatz befreien, vierteln und mit der Knoblauchzehe und den Basilikumblättern pürieren. Mit Tabasco, Salz und Pfeffer abschmecken, durch ein Sieb streichen und kühl stellen.

Grüne Gurkensuppe
Die Gurke schälen, längs halbieren, entkernen und mit Olivenöl, Joghurt und Wasabi pürieren. Mit Salz und Pfeffer abschmecken, durch ein Sieb streichen und kühl stellen.

Gelbe Paprikasuppe
Die Paprika waschen, halbieren, von Stielansatz, weißen Zwischenwänden und Kernen befreien. Mit Orangensaft und der Brühe kurz aufkochen und dann pürieren. Mit Chilipulver und Salz abschmecken, durch ein Sieb streichen und kühl stellen.

Geleewürfel
Die Gelatine in kaltem Wasser einweichen und ausdrücken. Jeweils 2 Blatt in 100 Milliliter der drei Suppen auflösen, in Eiswürfelformen füllen und im Kühlschrank fest werden lassen.

Anrichten
Erst die Tomatensuppe, dann die Gurkensuppe und schließlich die Paprikasuppe vorsichtig in geeiste Teller gießen, so dass drei Ringe entstehen und die Suppen sich möglichst wenig vermischen. Mit Geleewürfeln garniert servieren.

Tipp 1: Etwas Crème fraîche mit Zitronensaft und Salz verrühren, in einem Spritzbeutel mit kleinster Lochtülle füllen und in einem Muster vor dem Servieren auf die Suppe spritzen.
Tipp 2: Als Einlage eignen sich gebratene Riesengarnelen.

Tipp 3: Wenn es einmal schnell gehen muss, pürieren Sie alle Zutaten miteinander und haben damit eine Art spanisches Gazpacho.

Auberginentarte mit Ziegenkäse
und Paprika-Salbei-Sugo

Zutaten Tarte

4 mittelgroße Auberginen
100 ml Olivenöl
4 gekochte Kartoffeln
200 g Ziegenkäse
50 g Butter
Salz, schwarzer Pfeffer
Muskat
Kreuzkümmel
Paprikapulver edelsüß
100 ml Milch
100 g Sahne
2 Eier

Zutaten Sugo

2 rote Paprika
4 Schalotten
50 g Butter
500 ml Gemüsebrühe aus Würfeln (oder siehe Grundrezepte Seite 164)
1 Bund Salbei
2 EL Crème fraîche
Zitronensaft
Salz, schwarzer Pfeffer

Tarte

1 Die Auberginen waschen, vom Stielansatz befreien und in Scheiben schneiden. Das Olivenöl erhitzen und die Auberginenscheiben darin bei mittlerer Hitze 6 bis 8 Minuten braten. Auf Küchenpapier abtropfen lassen.
2 Die Kartoffel pellen und in dünne Scheiben schneiden. Den Ziegenkäse zerbröseln.
3 Eine kalte, beschichtete Pfanne mit der Butter ausstreichen. Auberginen- und Kartoffelscheiben schichtweise hinein geben, dabei mit Ziegenkäse bestreuen und mit Salz, Pfeffer, Muskat, Kreuzkümmel und Paprikapulver würzen.
4 Milch, Sahne und Eier verschlagen, mit Salz, Pfeffer und Muskat würzen und über die Auberginenscheiben gießen.
5 Den Backofen auf 180 °C (Gas Stufe 2–3, Umluft 160 °C) vorheizen. Die Auberginen-Ziegenkäse-Tarte in den heißen Ofen schieben und 15 bis 20 Minuten backen, bis die Eimasse gestockt ist. Einen Teller auf die Pfanne legen, mit einer schnellen Bewegung wenden und so die Tarte auf den Teller stürzen.

Sugo

1 Die Paprika waschen, halbieren, von Stielansatz, weißen Zwischenwänden und Kernen befreien und klein schneiden. Die Schalotten abziehen und fein würfeln.
2 Die Butter erhitzen und Paprika und Schalotten darin andünsten. Mit der Brühe aufgießen, die Paprika weich kochen und pürieren.
3 Den Salbei waschen, trockentupfen, die Blätter abzupfen, in Streifen schneiden und unter den Paprikasugo heben. Die Salbeispitzen für die Garnitur beiseite legen. Die Crème fraîche einrühren und mit Zitronensaft, Salz und Pfeffer würzen.

Anrichten

Die Tarte aufschneiden und auf einen warmen Teller setzen. Den Paprika-Salbei-Sugo angießen und mit den Salbeispitzen garnieren.

Tipp: Sehr gut dazu schmecken gegrillte Zucchinischeiben und getrocknete Tomaten.

Juli
August

Languste in Poulardenbrust mit Nespolicurry

an Okra-Fenchel-Gemüse, Sesamreis und Zitronengrassauce

Zutaten Poulardenbrust

10 Nespoli

ca. 800 g frische Languste oder 1 tiefgefrorener Langustenschwanz

10 EL Meersalz

2 EL Madras Curry

4 Poulardenbrüste à 150–200 g

Salz

Zitronenpfeffer

2 EL Olivenöl

2 Stängel Zirtonengras

Poulardenbrust

1 Am Vortag die Nespoli schälen, in dünne Scheiben schneiden und auf einem mit Backpapier ausgelegten Backblech verteilen. Im Backofen bei 60 °C trocknen. Die getrockneten Früchte zu feinem Pulver zerhacken und an einem warmen, trocknen Ort über Nacht ruhen lassen.

2 5 Liter Wasser mit dem Meersalz aufkochen, die Languste mit dem Kopf zuerst hineingeben und darin 8 Minuten kochen. Das Fleisch aus dem Schwanz lösen und längs in 4 Scheiben schneiden.

3 Das Nespolipulver mit dem Curry mischen. 2 Teelöffel dieser Gewürzmischung für die Okrazubereitung beiseite stellen. Die Langunstenstücke in der Gewürzmischung wenden.

4 Die Poulardenbrüste von der Seite her bis etwa zur Mitte einschneiden und diese Tasche mit jeweils einem Stück Languste füllen. Die Tasche mit einem Zahnstocher verschließen. Die gefüllte Poulardenbrust mit Salz und Zitronenpfeffer würzen.

5 Den Backofen auf 180 °C (Gas Stufe 2–3, Umluft 160 °C) vorheizen. Kurz vor dem Anrichten das Olivenöl erhitzen, die Poulardenbrüste darin auf beiden Seiten anbraten, das Zitronengras dazulegen und das Fleisch in 5 bis 6 Minuten im heißen Ofen fertig garen.

Zutaten Fenchel

1 Fenchelknolle

2 Sternanis

1 Ei

80–100 g Instant-polenta (Maisgrieß)

Salz

Butter

Fenchel

1 Die Fenchelknolle von den oberen Stielenden befreien (das Fenchelgrün aufheben) und in etwas Langustenkochfond mit dem Sternanis ca. 25 Minuten bei schwacher Hitze kochen. Vom Herd nehmen und in der Flüssigkeit abkühlen lassen. (Bei Verwendung eines tiefgefrorenen Langustenschwanzes den Fenchel in Salzwasser mit Sternanis kochen.)

2 Die abgekühlte Fenchelknolle abtropfen lassen und achteln. Das Ei verschlagen. Das Fenchelgrün hacken und mit dem Polentamehl und Salz vermischen. Die Butter erhitzen. Die Fenchelstücke einseitig mit Ei und Polentamehl panieren und auf der panierten Seite in der Butter bei schwacher Hitze braten.

Reis

1 Den Basmatireis in Salzwasser mit der Nelke und dem Lorbeerblatt ca. 16 Minuten kochen, abgießen, abschrecken und abtropfen lassen.
2 Die Senfkohlblätter in feine Streifen scheiden.
3 Kurz vor dem Anrichten das Sesamöl erhitzen, den Sesam darin leicht rösten, Reis und Senfkohl zugeben und unter Rühren erwärmen.

Zutaten Reis

160 g Basmatireis
Salz
4 junge Senfkohlblätter
1 Nelke
1 kleines Lorbeerblatt
2 EL Sesamöl
50 g schwarzer Sesam

Zutaten Zitronengrassauce

1 Stängel Zitronengras
120 ml trockner Weißwein
1 Schalotte
3 EL kalte Butter
2 EL Nolly Prat
400 ml Fischfond (siehe Grundrezepte Seite 164)
250 g Sahne
Zucker
Salz
Zitronenpfeffer
Zitronensaft

Zitronengrassauce

1 Das Zitronengras in 1 cm lange Stücke schneiden, mit dem Weißwein aufkochen und zugedeckt 30 Minuten ziehen lassen. Die Zitronengrasstücke aus dem Weißwein heben.
2 Die Schalotte abziehen und fein würfeln. 2 Esslöffel Butter erhitzen und Schalottenwürfel und Zitronengras darin andünsten. Mit Nolly Prat und dem Weißweinsud ablöschen und um ein Drittel einkochen lassen.
3 Mit dem Fischfond aufgießen und die Flüssigkeit auf ein Drittel reduzieren. Die Sahne zugeben und bei mittlerer Hitze aufkochen. Die Sauce durch ein Sieb gießen und mit Zucker, Salz, Zitronenpfeffer und -saft würzen.
4 Unmittelbar vor dem Servieren die Sauce mit der restlichen kalten Butter aufschlagen.

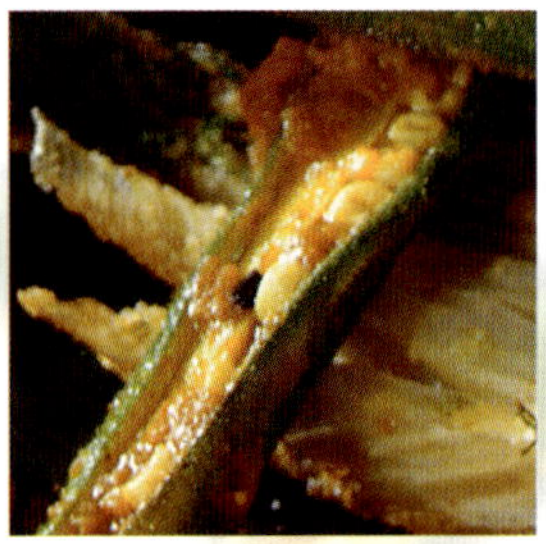

Zutaten Okra

8 Okra
Salz
30 g Butter
2 TL Nespolicurry
50 ml Geflügelfond (siehe Grundrezepte Seite 164)

Okra

Die Okraschoten in Salzwasser 2 Minuten blanchieren. Die Butter in einem Topf erhitzen, den Nespolicurry zugeben und kurz anrösten. Mit dem Geflügelfond aufgießen, die Okraschoten hineingeben und zugedeckt bei schwacher Hitze 4 bis 5 Minuten dünsten.

Anrichten

Den Fenchel und den Reis in die Mitte der Teller legen, die Poulardenbrüste aufschneiden und an den Fenchel anlegen, die Zitronengrassauce über eine Ecke des Fleisches laufen lassen und mit den Okraschoten und Zitronengrasstängel garnieren. Den Reis getrennt reichen.

Varianten

Die Senfkohlstängel können Sie als zusätzliches Gemüse zubereiten. Senfkohl in Stücke schneiden, blanchieren, in Butter mit 1 gewürfelten Schalotte und 1 durchgepressten Knoblauchzehe andünsten, Tomatenconcassé von 2 Tomaten zugeben und mit Salz, schwarzem Pfeffer, Zucker und Zitronenthymian würzen.

Zutaten Okra im Backteig

100 g Mehl
80 ml trockner Weißwein
1 Ei
1 Eiweiß
Salz
2 TL Nespolicurry
8 Okra
2 l Öl zum Frittieren

Okra im Backteig

Die Okra können auch im Backteig serviert werden.
Das Mehl sieben und mit Wein, Ei, Eiweiß, Salz und Nespolicurry zu einem glatten Teig verarbeiten. Abgedeckt 15 bis 20 Minuten quellen lassen. Die Okra kurz in Salzwasser blanchieren und trockentupfen. Das Öl auf 180 °C erhitzen, die Okra durch den Teig ziehen und 5 Minuten im heißen Öl frittieren. Auf Küchenpapier abtropfen lassen.

Schweinebäckchen auf Schmorgurken
mit Spicy-Chips

Zutaten Schweinebäckchen

4 Schalotten

1 Stange Staudensellerie

1 Möhre

8 Schweinebäckchen

Salz, schwarzer Pfeffer

2 EL Olivenöl

100 ml Rotwein

400 ml braune Grundsauce (siehe Grundrezepte Seite 164)

2 TL Speisestärke

Schweinebäckchen

1 Die Schalotten abziehen, den Staudensellerie putzen, die Möhre schälen und alles grob zerkleinern.
2 Die Schweinebäckchen mit Salz und Pfeffer würzen. Das Olivenöl in einem Schmortopf erhitzen, die Schweinebäckchen darin kräftig anbraten und wieder herausnehmen.
3 Das Gemüse in den Topf geben, kurz anbraten und mit dem Rotwein ablöschen. Die Bäckchen und die Grundsauce in den Topf geben und bei schwacher Hitze 45 Minuten kochen.
4 Die Bäckchen herausnehmen und die Bratensauce mit Salz und Pfeffer abschmecken. Die Speisestärke mit etwas Wasser anrühren und die Sauce damit abbinden.

Zutaten Schmorgurken

2 Schalotten

50 g durchwachsener Bauchspeck

8 Schmorgurken

1 EL Honig

etwas Schweinebäckchensauce

Salz, schwarzer Pfeffer

Weißweinessig

2 EL geschlagene Sahne

Schmorgurken

1 Die Schalotten abziehen und mit dem Bauchspeck in sehr feine Würfel schneiden. In einer Pfanne knusprig anbraten.
2 Die Gurken schälen, längs halbieren, von den Kernen befreien und in Scheiben schneiden.
3 Die Gurkenscheiben zum Speck geben, Honig und Schweinebäckchensauce hinzufügen und die Gurken weich schmoren. Mit Salz, Pfeffer und Weißweinessig süßsauer abschmecken und die geschlagene Sahne unterheben.

Zutaten Spicy-Chips

3 rote Paprika

200 g Mehl

100 g Hartweizengrieß

6 Eigelbe

1 EL Pflanzenöl

Salz

Muskat

Cayennepfeffer

3 l Öl zum Frittieren

Spicy-Chips

1 Die roten Paprika waschen, entkernen und grob würfeln. Mit 300 Milliliter Wasser pürieren, in ein Tuch geben und ausdrücken.
2 Die aufgefangene Flüssigkeit zu einer Paste einkochen. Sie sollte ca. 1 Esslöffel ergeben.
3 Die Parikapaste mit Mehl, Hartweizengrieß, Eigelben, Pflanzenöl, Salz, Muskat und Cayennepfeffer zu einem glatten Teig verarbeiten, zu einer Kugel formen, in Klarsichtfolie wickeln und 2 Stunden ruhen lassen.
4 Den Teig 2 mm dick ausrollen und in kleine Dreiecke schneiden. Das Öl auf 160 °C erhitzen und die Chips darin in 4 Minuten knusprig frittieren. Auf Küchenpapier abtropfen lassen.

Anrichten

Die Schweinebäckchen mit Schmorgurken und Sauce auf Tellern anrichten und die Chips getrennt dazu reichen.

Sauerbraten vom Heidschnuckenrücken
mit Pflaumen, karamellisiertem Rettich und Bamberger Hörnchen

Zutaten Beilagen

12 Bamberger Hörnchen (Kartoffelsorte)
Kümmel
1 mittelgroßer Rettich
Salz
3 EL Zucker
100 ml Weißwein

Zutaten Sauerbraten

2 Zwiebeln
4 Schalotten
3 Möhren
100 g Sellerie
2 l Rotwein
300 ml Rotweinessig, 6% Säure
2 Nelken
2 Lorbeerblätter
10 Pfefferkörner
4 Wacholderbeeren
1 kg Heidschnuckenrücken am Stück
Salz, schwarzer Pfeffer
4 EL Olivenöl
1 EL Tomatenmark
800 ml braune Grundsauce (siehe Grundrezepte Seite 164)
10 Pflaumen
2 EL Honig
1 EL Speisestärke

1 Zwiebeln, Schalotten, Möhren und Sellerie schälen und grob würfeln. Rotwein und Rotweinessig mit dem Gemüse und den Gewürzen aufkochen. Den Fond abkühlen lassen und den Heidschnuckenrücken darin 24 Stunden marinieren.
2 Den Fond abgießen, aufkochen und den aufsteigenden Schaum abschöpfen. Das Fleisch mit Salz und Pfeffer würzen. Das Olivenöl in einem Bräter erhitzen, das Fleisch darin scharf anbraten und wieder herausnehmen.
3 Das Gemüse in den Bräter geben und anbräunen. Das Tomatenmark hinzufügen und kurz mitrösten. Mit etwas Rotweinsud ablöschen und die Flüssigkeit fast gänzlich einkochen. Diesen Vorgang 2- bis 3-mal wiederholen.
4 Mit der Grundsauce aufgießen, das Fleisch in die Sauce legen und zugedeckt im Backofen bei 160 °C (Gas Stufe 2, Umluft 130 °C) 1 Stunde schmoren. Das Fleisch gelegentlich mit der Sauce übergießen.
5 Dann das Fleisch herausnehmen, warm stellen und die Sauce durch ein feines Sieb passieren.
6 Die Pflaumen waschen, entsteinen und achteln. Den Honig in einem Topf erhitzen und die Pflaumen zugeben. Mit der Sauce aufgießen, aufkochen und mit Salz und Pfeffer abschmecken. Die Speisestärke mit etwas Wasser anrühren und die Sauce damit abbinden.

Beilagen

1 Die Bamberger Hörnchen in der Schale mit dem Kümmel weich kochen und pellen.
2 Den Rettich schälen, in streichholzdicke Stifte schneiden und leicht salzen. Den Zucker in einem Topf karamellisieren lassen, den Weißwein und den Rettich dazugeben und bei schwacher Hitze 3 Minuten glasieren.

Anrichten

Kartoffeln und Rettich auf Tellern anrichten, das Fleisch in Scheiben schneiden, anlegen und mit der Sauce begießen.

Tipp: Dieses Sauerbratenrezept eignet sich auch für Gämse und Wildschwein.

Juli August

Gegrillter Schwertfisch
mit Brombeervinaigrette

Zutaten Brombeervinaigrette

60 g Brombeeren

100 ml Rotweinessig

100 ml Fischfond (siehe Grundrezepte Seite 164)

1 Schalotte

1/2 Knoblauchzehe

1 TL scharfer Senf

1 TL Blütenhonig

200 ml Olivenöl

Salz, weißer Pfeffer

10 Blätter Zitronenmelisse

Brombeervinaigrette

1 Die Brombeeren mit dem Rotweinessig pürieren und 1 bis 2 Stunden ziehen lassen. Durch ein feines Sieb in den kalten Fischfond streichen.

2 Die Schalotte abziehen und sehr fein würfeln. Die Knoblauchzehe abziehen und durch die Presse drücken. Beides mit Senf und Honig vermischen und in den Brombeerfond einrühren. 150 Milliliter Olivenöl in feinem Strahl zugeben und mit dem Schneebesen verschlagen. Mit Salz und Pfeffer würzen.

3 Die Zitronenmelisseblätter in Streifen schneiden und vor dem Anrichten unter die Vinaigrette heben.

Zutaten Schwertfisch

4 Scheiben Schwertfisch à 130–150 g

Rosmarinstängel

Knoblauch

Chilischoten

Schwertfisch

Die Schwertfischscheiben mit Salz und Pfeffer würzen und mit dem restlichen Öl einstreichen. Auf einen Rosmarinspieß ungeschälte Knoblauchzehen und Chilischoten spießen. Die Schwertfischscheiben mit dem Aromenspieß auf einem Holzkohlegrill auf jeder Seite 4 Minuten garen. Die Fischscheiben auf der Brombeervinaigrette anrichten.

Tipp: Weißbrotscheiben in Dreiecke schneiden und in heißer Butter anbraten. Mit zu den Schwertfischscheiben servieren.

Juli
August

Lavendelhippe
gefüllt mit Kirsch-, Melonen- und Stachelbeersorbet

Zutaten Sorbetgrundrezept

350 g Zucker

250 g Fruchtpüree (Kirsch, Melone, Stachelbeere)

50 ml Alkohol passend zur Fruchtsorte

abgeriebene Schale von 1 Zitrone

Zutaten Lavendelhippe

300 g flüssige Butter

125 g gesiebtes Mehl

550 g Zucker

250 g geriebene Mandeln

250 ml Orangensaft

abgeriebene Schale von 1 Orange

10 Stängel Lavendelblüten

Lavendelhippe

1 250 Gramm Butter zerlassen. Das Mehl sieben und mit 450 Gramm Zucker, zerlassener Butter, Mandeln, Orangensaft und -schale zu einem klumpenfreien Teig verarbeiten. 2 Stunden im Kühlschrank ruhen lassen.

2 Die Lavendelblüten abzupfen und waschen. Den restlichen Zucker zu hellem Karamell schmelzen und die Blüten hinzufügen. Die Masse erkalten lassen, fein hacken und zum Hippenteig geben.

3 Den Backofen auf 200 °C (Gas Stufe 3–4, Umluft 180 °C) vorheizen. Ein Backblech mit der restlichen Butter fetten und die Hippenmasse in Kreisen von 15 cm Ø darauf streichen. Im heißen Ofen goldgelb backen. Herausnehmen und die Teigkreise noch warm in eine Tasse drücken, so dass sich ein Korb bildet.

Sorbetgrundrezept

Den Zucker mit 1 Liter Wasser aufkochen und abkühlen lassen. Das Fruchtpüree mit Alkohol und Zitronenschale zugeben und die Masse in einer Eismaschine gefrieren. Auf diese Weise Sorbets der drei Geschmacksrichtungen herstellen.

Anrichten

In die Lavendelhippe jeweils 1 Kugel der drei Sorbets füllen.

Tipp: Falls Sie keine Eismaschine haben, die Masse in einer Metallschüssel in das Tiefkühlfach stellen und gefrieren, dabei mit einem Schneebesen gelegentlich umrühren. Kurz vor dem Festwerden zur Lockerung 1 steif geschlagenes Eiweiß unterheben.

Juli
August

Varianten

Hier noch weitere Sorbetvariationen für einen langen, heißen Sommer.

Schokoladensorbet

Zutaten Schokoladensorbet

- 400 g Kuvertüre
- 100 g Kakao
- 350 g Zucker
- 1 Zimtstange
- Mark von 1 Vanilleschote

Sämtliche Zutaten mit 1 Liter Wasser erhitzen, bis die Kuvertüre geschmolzen ist, durch ein Sieb streichen, abkühlen lassen und in der Eismaschine gefrieren.

Limettensorbet

Zutaten Limettensorbet

- 400 g Zucker
- 100 g Glukose
- 400 ml Limettensaft

Zucker und Glukose mit 1 Liter Wasser aufkochen, den Limettensaft zugeben, abkühlen lassen und in der Eismaschine gefrieren.

Bananensorbet

Zutaten Bananensorbet

- 1 kg Bananen
- 350 g Zucker
- Saft von 1 Limette
- 1 Eiweiß

Den Zucker mit 1 Liter Wasser aufkochen, um ein Viertel reduzieren und abkühlen lassen. Die Bananen schälen, in Stücke schneiden, mit dem Limettensaft zum Leuterzucker geben und durch ein Sieb streichen. Das Eiweiß steif schlagen und unterheben. Die Masse in der Eismaschine gefrieren.

Ananassorbet

Zutaten Ananassorbet

- 1 kg Ananaspüree
- 250 g Puderzucker
- 2 EL Orangensaft
- 2 EL weißer Rum

Sämtliche Zutaten mit 150 Milliliter Wasser vermischen, durch ein Sieb streichen und in der Eismaschine gefrieren.

Sorbet von exotischen Früchtchen

Zutaten Sorbet von exotischen Früchtchen

- 350 g Zucker
- Mark von 1 Vanilleschote
- Fruchtfleisch von 1 Ananas
- Fruchtfleisch von 2 Bananen
- Saft von 4 Orangen
- Saft von 3 Zitronen
- Saft von 2 Limetten
- 2 EL Grenadine

Den Zucker mit 1 Liter Wasser aufkochen und abkühlen lassen. Sämtliche Zutaten in einer Küchenmaschine pürieren, durch ein Sieb streichen und in der Eismaschine gefrieren.Mascarponegratin mit Früchten und Sorbet

Mascarponegratin

Zutaten Mascarponegratin

- 4 Eier
- 200 g Quark
- 300 g Mascarpone
- 80 g Puderzucker
- 40 g Weizenpuder
- Mark von 1 Vanilleschote
- abgeriebene Orangenschale
- 1 EL Marillenbrand
- 100 g Zucker
- frische, eingelegte Früchte und Beeren, mit etwas Maraschino angemacht und mit Staubzucker leicht gesüßt
- ein Sorbet Ihrer Wahl
- Pfefferminzblätter für die Garnitur

1 Die Eier trennen. Die Eigelbe mit Quark, Mascarpone, Puderzucker, Weizenpuder und Vanillemark vermischen und mit Orangenschale und Marillenbrand würzen. Die Eiweiße mit dem Zucker steif schlagen und unter die Masse heben.

2 Früchte und Beeren auf einem tiefen, feuerfesten Teller anrichten. Mit der Gratinmasse bestreichen und im Backofen bei 250 °C (Gas Stufe 6, Umluft 230 °C) und starker Oberhitze 5 bis 8 Minuten überbacken.

3 Das Gratin mit Puderzucker bestreuen, 1 Kugel Sorbet in die Mitte setzen, mit den Minzeblättern garnieren und sofort servieren.

Sauerrahmeis
mit Pfefferminztee-Granita und Johannisbeeren

Zutaten Sauerrahmeis

250 g Joghurt

250 g Sauerrahm

125 g Sahne

125 g Zucker

Zitronensaft

Zutaten Pfefferminztee-Granita

10–15 Pfefferminzblätter

400 ml leicht gesüßter Pfefferminztee

100 ml grüner Pfefferminzlikör

Zutaten Anrichten

8 Trauben Johannisbeeren

2 EL Puderzucker

Sauerrahmeis

Sämtliche Zutaten vermischen, glatt rühren und in der Eismaschine gefrieren.

Pfefferminztee-Granita

Die Pfefferminzblätter in feine Streifen schneiden und mit Tee und Likör verrühren, in eine flache Form gießen und im Tiefkühlfach gefrieren. Wenn die Flüssigkeit am Rand gefroren ist, abschaben und verrühren. Diesen Vorgang 2- bis 3-mal wiederholen, damit einzelne Kristalle entstehen.

Anrichten

Die Granitakristalle in einen Eispokal oder Suppenteller geben und darauf eine Nocke Sauerrahmeis setzen. Die Johannisbeeren mit Puderzucker bestreuen und das Dessert damit garnieren.

Halbgefrorenes von Rosenblättern
mit Biskuit und Aprikosenschäumle

Zutaten
Halbgefrorenes

6 Eier

225 g Zucker

750 g Sahne

Julienne von ungespritzten roten Rosenblättern

Rosenwasser (Apotheke)

Biskuitboden vom Bäcker oder siehe Rezept Seite 32

Halbgefrorenes

Die Eier mit dem Zucker über einem Wasserbad schaumig schlagen und über Eiswürfeln wieder kalt schlagen. Die Sahne steif schlagen, die Rosenblätter zugeben, mit Rosenwasser parfümieren und unter die Eimasse heben. Den Biskuit mit Rosenwasser tränken, eine Kastenform damit auslegen, die Ei-Sahne-Masse einfüllen, mit Biskuit bedecken und gefrieren.

Zutaten
Aprikosenschäumle

4 Aprikosen

6 Eiweiße

200 g Zucker

Aprikosenschäumle

1 Die Haut der Aprikosen abziehen, die Steine entfernen und das Fruchtfleisch achteln.
2 Die Eiweiße steif schlagen und den Zucker dabei einrieseln lassen. Den Eischnee in einen Spritzbeutel füllen und vier Böden und vier kleine Hütchen auf einen Bogen Backpapier spritzen. Im Backofen bei 110 °C trocknen, ohne dass der Eischnee Farbe annimmt.
3 Die Böden mit Aprikosenspalten belegen und ein Hütchen darauf setzen.

Mozzarella mit Aprikosen
und Pfefferminze

Zutaten

8 Aprikosen

400 g Mozzarella

1/2 Bund Pfefferminze

Salz, schwarzer Pfeffer

1 EL Balsamicoessig

2 EL kaltgepresstes Olivenöl

4 EL geröstete grüne Kürbiskerne

Mozzarella mit Aprikosen und Pfefferminze

1 Die Aprikosen überbrühen und häuten. Dann halbieren, entsteinen und in Schnitze schneiden.

2 Den Mozzarella in dünne Scheiben schneiden, mit Aprikosen und Pfefferminzblättern belegen und auf einem Teller anrichten. Salzen, pfeffern und mit Balsamicoessig und Olivenöl beträufeln.

3 Die restliche Pfefferminze in feine Streifen schneiden und mit den Kürbiskernen über die Mozzarellaröllchen streuen.

Tipp: Dieser Büffelmilchkäse aus der Lombardei ist nicht nur als Zutat in einem Dessert zu empfehlen, sondern auch mit etwas Salat eine tolle Vorspeise.

Alles, was jetzt noch an Büschen und Bäumen hängt,
unter und über der Erde gedeiht, bringt die Sonne
mit letzter Kraft zu vollkommener Reife. Mehr Menschen
als zu jeder anderen Jahreszeit sind auf Feldern,
Äckern, in Wäldern und auf Weinbergen an der Arbeit.
In der Zeit der Ernte gibt es vieles im Überfluss.
Zeit zum Einmachen, Zeit zum Genießen.

September

Ertragreiche Buntzeit Oktober

Ertragreiche Buntzeit

September

Stall und Land

Schlachtfleisch, Geflügel:
Heidschnucke

Wild, Wildgeflügel:
Fasan (Oktober), Gämse, Hirsch, Mufflon, Rebhuhn, Reh, Schnepfe, Steinbock, Wildente, Wildhase (Oktober), Wildschwein, Wildtaube

Wasser und Strand

Fisch – Süßwasser:
Hecht, Huchen, Karpfen, Schleie, Trüsche, Wels (Waller),

Fisch – Salzwasser:
Dorade, Kabeljau (Dorsch), Knurrhahn, Loup de Mer, Merlan, Seeaal, Steinbeißer (Seewolf), Zackenbarsch

Krusten-, Schal-, Weichtiere:
Auster, Hummer, Languste, Miesmuschel, Nordseekrabbe, Taschenkrebs, Tiefseegarnele

Garten und Beet

Obst:
Apfel, Birne, Brombeere, Dattel, Eberesche, Feige, Granatapfel, Hagebutte, Haselnuss, Heidelbeere, Holunderbeere, Kapstachelbeere, Mandel, Pfirsich, Pflaume, Quitte, Preiselbeere, Reneklode, Sanddorn, Traube, Walnuss, Zwetschge

Gemüse:
Aubergine, Blumenkohl, Bohne, Fenchel, Herbstrübe, Kartoffel, Kerbelknolle, Knollensellerie, Kürbis, Lauch, Marone, Maiskolben, Meerrettich, Okra, Paprika, Pastinake, Petersilienwurzel, Rettich, Rote Beete, Rotkohl, Schmorgurke, Schwarzwurzel, Spitzkohl, Teltower Rübchen, Tomate, Topinambur, Weißkohl, Wirsing, Winterspinat, Zucchini, Zwiebel

Salat:
Batavia, Chicorée, Eichblatt, Endivie, Feldsalat, Frisée, Grüner Löwenzahn, Herbstzichorie, Lollo Rosso, Lollo Bianco, Radicchio, Römischer Salat, Stielmus, Winterportulak

Tipp: Nun ist die Zeit um Preiselbeeren einzumachen.

Kräuter:

Beifuß, Bohnenkraut, Fenchelgrün, Liebstöckel, Lavendel, Lorbeer, Rosmarin, Salbei, Thymian, Zitronenthymian

Pilze:

Butterpilz, Goldröhrling, Goldstielpfifferling, Herbsttrompete, Krause Glucke, Maronenpilz, Pfifferling, Schopftintling, Semmelstoppel (Pied de Mouton), Steinpilz, Violetter Ritterling, weiße Trüffeln (Oktober)

Sonstiges

Käse:

Bergkäse, Lucullus, Feuille de Dreux, Bouton de culotte, Langres

Kaltgerührte Preiselbeeren

Die Preiselbeeren gründlich von den Stielen befreien, waschen und gut abtropfen lassen. Die Preiselbeeren im Verhältnis von 1 : 1 mit Zucker vermischen. Vorsichtig rühren, bis sich der gesamte Zucker in einen roten Sirup verwandelt hat. Zwischendurch in den Kühlschrank stellen, damit der Zucker Wasser ziehen kann. Der ganze Vorgang kann sich über Stunden hinziehen.

Man kann den Zuckeranteil bis auf die Hälfte reduzieren, die Preiselbeeren sind dann allerdings nicht mehr so lange haltbar.

WER & WIE? WAS & WIESO?
WESHALB & WARUM?

Manche Gäste möchten es ganz genau wissen. Hier ein paar Informationen, die Sie – vielleicht – verblüffen werden.

Dinkel

Dinkel, auch Spelz, Spelt, Fesen, Vesen oder Schwabenkorn, genannt, ist eine Weizenart, deren Körner mittels eines besonderen Verfahrens (man nennt es Darren) aus den Hülsen herausgelöst werden müssen. Angebaut wird Dinkel besonders in Süddeutschland, wovon einige Städtenamen wie z. B. Dinkelsbühl zeugen, in Tirol und in der Schweiz. Wird Dinkel vor der eigentlichen Reife geerntet, z. B. wenn sich früher lange Regenperioden durch den Bauernkalender ankündigten, nennt man das Getreide Grünkern.

Dorade

Die Dorade gehört zu der 200 Arten umfassenden Familie der Meerbrassen. Die wahrscheinlich wohlschmeckendste ist die Dorade royale (Goldbrasse), die im Ostatlantik und im Mittelmeer vorkommt. Sie wird bis zu 70 cm lang und ist mit einem Goldband zwischen den Augen verziert, das nach dem Tode verblasst. In der Antike war dieser königliche Meeresfisch der schönen Aphrodite geweiht.

Feigen

Feigen sind uralt, schon 3000 vor Christus waren sie im Nahen Osten weit verbreitet. Sie wuchsen in den hängenden Gärten Babylons, wurden in Ägypten kultiviert, die Assyrer süßten Speisen mit Feigensirup und für die Phönizier war es ein wichtiges Exportprodukt. Um das vollkommenste Schweinefleisch zu erhalten, fütterte der römische Kaiser Apicius seine Tiere mit syrischen Feigen.
Im 14. Jahrhundert gab es in Paris erstmals getrocknete Feigen. 200 Jahre danach wuchsen in Deutschland und England die ersten Feigenbäume. Zur selben Zeit gelangten Feigen durch die Spanier auch nach Amerika.

Graupen

Graupen wurden durch das steigende Interesse an Naturkost neu entdeckt. Geschält, rundgeschliffen und poliert sind sie besonders bekömmlich und leicht verdaulich. In Deutschland sind sie meist nur bekannt aus Kriegszeiten oder als Krankenkost, aber die Spitzenköche wagen sich wieder an die handfeste Graupensuppe heran.

Holunder

Holunderbeeren galten schon in der Antike als Heilmittel. Es heißt, wer sich mit Holundersträuchern umgibt, sei vor Blitzschlägen und Schlangenbissen geschützt. Aber Vorsicht, bei einem Holunderbeerfleck auf weißer Kleidung steht man vor einem unlösbaren Problem.

Kerbelknolle

Bei uns kaum bekannt werden sie aus Frankreich importiert oder von Kleinbauern auf dem Markt angeboten. Die Knolle von süßem, mehligen Geschmack kann wie Kartoffeln verarbeitet werden.

Kürbisse

Kürbisse waren wahrscheinlich das erste kultivierte Gemüse der Indianer und gehörten neben Bohnen und Mais zu ihren drei Grundnahrungsmitteln.
In Europa stieß der hier nicht heimische Kürbis anfangs bei Botanikern auf größeres Interesse als bei Köchen.
In der französischen Küche ist er auch heute nicht sehr beliebt. Die Italiener dagegen wählten Zucchini zu ihrem Lieblingskürbis. Aus Österreich kommt das wertvolle, gesunde und köstliche Kürbiskernöl.

Mufflon

Mufflons sind wilde Schafe, die schon zu Zeiten Homers von den Griechen gejagt wurden, damals aber für Ziegen gehalten wurden.

Pirogge

In Russland werden Piroggen als eine traditionelle Vorspeise zu Borschtsch oder anderen Suppe gereicht. Die dreieckigen oder halbmondförmigen Pasteten mit einer Vielzahl von Füllungen werden gebraten oder frittiert. Sie sind den englischen Pies nicht unähnlich.

Quitten

Quitten werden seit 4000 Jahren angebaut und sind eine eigene Gattung innerhalb der Apfel- oder Kernobstgewächse. Die aus Persien oder Anatolien stammenden Früchte waren der Aphrodite geweiht und galten in der Antike als Fruchtbarkeitssymbol. Im Mittelalter war die Quitte so hoch angesehen, dass man königlichen Hohheiten die im französischen Orléans hergestellte Quittenpaste zum Geschenk machte. Zu jener Zeit galt Portugal als das Land der besten Quitten, Dort waren sie unter dem Namen Marmelo bekannt, aus dem sich die uns allen bekannte Marmelade entwickelte.

Sabayon

Eine Sabayon ist eine Weinschaumsauce. Klassisch wird sie mit Weißwein hergestellt, aber es darf auch einmal Rotwein benutzt werden. Der Weinschaum ist eine Erfindung der Turiner Konditoren, die ihn ihrem Zunftheiligen, San Pasquale Baion, widmeten. So entstand aus San Baion der Name Zabaione, wie der Weinschaum auf Italienisch heißt.

Spinat

Die Araber brachten im Mittelalter eine Wildsorte des Spinats aus Persien nach Mitteleuropa. In einer Auflistung von 1351, was Mönche an Fastentagen essen dürfen, wurde auch Spinat erwähnt. Laut chinesischen Aufzeichnungen gab es schon 647 auch dort Spinat. Der Spinat ist ein rasch wachsendes Blattgemüse. Da das Nitrat in gekochtem Spinat sich mit der Zeit zu giftigem Nitrit verwandelt, sollte man von der Lagerung gekochten Spinats absehen. Spinat enthält einen hohen Anteil an Vitamin C, B-Carotin und Mineralstoffen.

Steinbeißer

Neben Steinbeißer hat dieser nordalantische Fisch auch noch viele andere Namen, z. B. Klipp-, Katt- oder Austernfisch, aber auch Seewolf oder Wolfsfisch. Den Namen Steinbeißer verdankt er seinem kräftigen Gebiss, mit dem er sogar Muscheln knacken kann. Er erreicht eine Länge von 2 Meter und landet meist nur zufällig in den Fischernetzen. Deshalb ist er auch nur für einen relativ hohen Preis zu haben.

Zitronenthymian

Eine Kreuzung aus Thymian und Quendel, der einen intensiven, zitronenartigen Duft verströmt. Die Pflanze hat kleine, eiförmige bis längliche Blätter und trägt im Sommer blass-lila-farbene Blüten.

Marinierter Doradenrollmops
mit süßsaurem Salat von Feigen und Kürbis

Zutaten Süßsaure Marinade

1 Schalotte

2 EL Honig

100 ml Balsamicoessig

2 Lorbeerblätter

1 EL Senfkörner

Salz, weißer Pfeffer

Süßsaure Marinade

Die Schalotte abziehen, fein würfeln, mit den restlichen Zutaten und 100 Milliliter Wasser in einen Topf geben und aufkochen.

Zutaten Doradenrollmops

8 Feigen

2 EL Zucker

6 cl roter Portwein

2 cl Balsamicoessig

4 EL Dijonsenf

2 Doraden à 600 g

Salz

2 Blätter Lauch

1 Bund Zitronenthymian

2 EL Olivenöl

1 kleiner Muskatkürbis

Doradenrollmops

1 4 Feigen schälen, klein schneiden, mit Zucker, Portwein und Balsamicoessig zu Mus einkochen und abkühlen lassen. Mit dem Dijonsenf vermischen.
2 Die Doraden ausnehmen, schuppen, den Kopf abtrennen und die Fische filetieren. Die Bauchlappen abschneiden und die Filets von Gräten befreien.
3 Die Fischfilets mit Salz würzen, mit dem Feigenmus bestreichen und aufrollen. Die Lauchblätter längs in Streifen schneiden und die Röllchen damit zubinden. Die Fischrollen mit einigen Zitronenthymianzweigen spicken.
4 Das Olivenöl erhitzen und die Fischröllchen darin kurz anbraten.
5 Den Kürbis vierteln, von den Kernen befreien und mit einem Parisienne-Ausstecher (Kugelausstecher) kleine Kugeln aus dem Fruchtfleisch ausstechen. Die Kugeln in kochendem Salzwasser 4 Minuten blanchieren und in Eiswasser abschrecken.
6 Die restlichen Feigen sechsteln und mit Doradenröllchen und Kürbiskugeln in eine Auflaufform legen. Die verbliebenen Zitronenthymianblättern darüber streuen, mit der noch heißen Marinade begießen und 3 bis 4 Stunden ziehen lassen.

Zutaten Anrichten

1 Kopf Eichblattsalat

1 Bund grüner Löwenzahn

1 kleiner Radicchio

100 ml Olivenöl

Anrichten

Die Salate putzen, in Blätter zerteilen, waschen, trockenschleudern und auf Tellern flach anrichten. Die Fischröllchen mit Feigen und Kürbiskugeln darauf setzen. Die Marinierflüssigkeit durch ein Sieb gießen mit dem Olivenöl aufschlagen und über den Salat träufeln.

September Oktober

Rebhuhn in geliertem Trauben-Federweißen-Sud
und Zwiebelpizzini

Zutaten Rebhuhn

1 große Zwiebel

1 Lorbeerblatt

5–6 Pimentkörner

Salz

2 geputzte Rebhühner

100 g kernlose grüne Weintrauben

700 ml Federweißer

schwarzer Pfeffer

15 Blatt Gelatine

Zutaten Zwiebelpizzini

20 g Hefe

250 g Mehl und Mehl zum Ausrollen

10 g Zucker

4 EL Olivenöl

Salz, schwarzer Pfeffer

400 g Zwiebeln

4 cl Weinbrand

5–6 Zweige Thymian

1 EL Butter

1 EL Crème fraîche

Rebhuhn

1 Die Zwiebel abziehen, grob würfeln und mit 3 Liter Wasser, Lorbeerblatt, Pimentkörnern und Salz aufkochen. Die Rebhühner zugeben und bei schwacher Hitze 30 Minuten kochen.

2 Das Geflügel aus der Brühe nehmen, abkühlen lassen, das Fleisch von Brüsten und Keulen lösen und würfeln.

3 Die Trauben halbieren und mit einem Teelöffel zwischen Schale und Fruchtfleisch fahren, um das Fleisch aus der Schale zu lösen. Das Fruchtfleisch nochmals längs halbieren und mit den Fleischwürfeln vermischen.

4 Den Federweißen aufkochen und bei mittlerer Hitze um ein Drittel reduzieren. Mit der Hälfte der Rebhuhnbrühe aufgießen und mit Salz und Pfeffer abschmecken.

5 Die Gelatine in etwas kaltem Wasser einweichen, ausdrücken und in dem warmen Federweißen-Sud auflösen. Eine 1,5 cm hohe flache Form mit Klarsichtfolie auslegen, Trauben und Rebhuhnwürfel darauf verteilen und mit dem Sud aufgießen. Im Kühlschrank fest werden lassen.

Zwiebelpizzini

1 Die Hefe in 125 Milliliter warmem Wasser auflösen und mit Mehl, Zucker, 2 Esslöffeln Olivenöl und Salz verkneten, bis der Teig Blasen wirft. 20 Minuten gehen lassen, noch einmal durchkneten und wiederum 20 Minuten an einem warmen Ort ruhen lassen.

2 Den Belag vorbereiten: Die Zwiebeln abziehen und in feine Ringe schneiden. Das restliche Olivenöl erhitzen und die Zwiebelringe darin anbraten. Sobald die Zwiebeln braun werden mit dem Weinbrand ablöschen und Thymian und Butter zugeben. Mit Salz und Pfeffer würzen und vom Herd nehmen. Die Crème fraîche unterziehen und erkalten lassen.

3 Den Backofen auf 180 °C (Gas Stufe 2–3, Umluft 160 °C) vorheizen. Den Pizzateig auf einer bemehlten Arbeitsfläche ausrollen, auf ein Blech legen, die Zwiebeln darauf verteilen und im heißen Ofen 15 bis 20 Minuten backen. Die Pizza abkühlen lassen, den Rand wegschneiden und die Pizza in 12 gleich große Quadrate schneiden.

4 Die Rebhuhnsülze stürzen, in 8 Quadrate der gleichen Größe schneiden und mit den Zwiebelpizzini zu vier Türmen schichten.

Zutaten Champagnerdressing und Salat

(Für 1 Liter)

50 g Champignons

50 g Schalotten

1 Knoblauchzehe

5 Pfefferkörner

1 Stängel Estragon

1 Zweig Thymian

1 EL Zucker

300 ml Champagner

1 l Geflügelbrühe (siehe Grundrezepte Seite 164)

100 ml Verjus (Saft von unreifen Trauben)

500 ml Traubenkernöl

Zitronensaft

Salz

Cayennepfeffer

1 Kopf Römischer Salat

1 Radicchio

Champagnerdressing und Salat

1 Champignons, Schalotten und Knoblauchzehe putzen bzw. abziehen, klein schneiden und mit Pfefferkörnern, Estragon, Thymian, Zucker und 100 Milliliter Champagner in die Geflügelbrühe geben. Die Flüssigkeit auf ein Viertel einkochen. Durch ein Sieb streichen und abkühlen lassen.

2 Den restlichen Champagner und den Verjus dazugeben und das Traubenkernöl unter ständigem Rühren hinzufügen. Mit Zitronensaft, Salz und Cayennepfeffer abschmecken.

3 Die Salate putzen, in Blätter zerteilen, waschen, trockenschleudern und in Streifen schneiden.

Anrichten

Die Salatstreifen mit etwas Champagnerdressing anmachen, auf Teller verteilen und die Türmchen in die Mitte setzen.

Kürbissuppe mit Tofu
im Kartoffelstroh

Zutaten Kürbissuppe

1 Zwiebel
2 EL Olivenöl
500 g gewürfeltes Kürbisfleisch
100 ml Weißwein
500 ml Geflügelbrühe (siehe Grundrezepte Seite 164)
10 g Ingwer
400 g Sahne
Muskat
Zucker
Salz
schwarzer Pfeffer

Kürbissuppe

1 Die Zwiebel abziehen, halbieren und in feine Ringe schneiden. Das Olivenöl erhitzen und die Zwiebelringe darin andünsten. Die Kürbiswürfel zugeben und kurz mitbraten.
2 Mit Weißwein ablöschen und mit Geflügelbrühe aufgießen. Den Ingwer klein schneiden und hinzufügen. Die Suppe 25 bis 30 Minuten kochen lassen, bis der Kürbis weich ist. Falls nötig, etwas Geflügelfond nachgießen.
3 Die Suppe mit einem Mixstab pürieren und durch ein Sieb streichen. Die Sahne zugeben, nochmals aufkochen und mit Muskat, Zucker, Salz und Pfeffer abschmecken.

Zutaten Tofu im Kartoffelstroh

250 g Tofu
Salz
Cayennepfeffer
50 g Mehl
1 Päckchen Tempurateig (im Asienladen erhältlich oder siehe Rezept Seite 165)
4 Kartoffeln
1 l Pflanzenöl zum Frittieren

Tofu im Kartoffelstroh

1 Den Tofu in 4 Stäbchen schneiden. Mit Salz und Cayennepfeffer würzen und
in Mehl wenden. Den Tempurateig nach Packungsanweisung zubereiten. Die Kartoffeln schälen und in feine Streifen schneiden.
2 Das Öl auf 180 °C erhitzen. Die Kartoffelstreifen und die Tofustäbchen in den Teig geben. Den Tofu in möglichst viele Karoffelnstreifen wickeln und im heißen Öl in 5 Minuten knusprig frittieren. Auf Küchenpapier abtropfen lassen.

Anrichten

Die Suppe in tiefe Teller füllen und die Tofustäbchen in die Mitte geben.

Tipp: Im Tepurateig können auch Jakobsmuscheln, Tiefseegarnelen und Austern frittiert werden.

Mais-Kürbis-Gemüse
für die Vorratskammer

Zutaten

1 kleiner Muskatkürbis
1 kg Maiskolben
0,5 l Weißweinessig
1Chilischote
40 g Zucker
0,5 l Wasser
1 EL Salz
2 EL Senfkörner
6 Zweige Thymian
6 Lorbeerblätter

ca. 6 kleine gespülte Einmachgläser mit Deckel und Dichtungsgummi

Mais-Kürbis-Gemüse

1 Den Kürbis in 4 Teile aufschneiden, Kerne und Fasern entfernen und die Schale großzügig abschneiden.
2 Das Kürbisfleisch würfeln und in Einmachgläser füllen. Den Mais mit einem Messer von den Kolben abschneiden und ebenfalls in die Einmachgläser füllen.
3 Aus Weißweinessig, Chilischote, Zucker, Wasser, Salz, Senfkörner, Thymian und Lorbeerblättern einen Sud kochen und auf den mit Kürbis und Mais gefüllten Gläsern verteilen. Die Gläser müssen bis zum Rand mit dem Fond aufgefüllt werden. Anschließend die Gläser mit der Gummidichtung gut verschließen Deckeln schließen.
4 Einen Topf mit etwas Wasser bedecken, die Gläser einstellen und 20 Minuten kochen lassen. Das Gemüse ist mehrere Monate haltbar.

Tipp: Dieses eingemachte Mais-Kürbis-Gemüse verwenden wir in der »Himmlischen Gewürzzeit (November/Dezember) als Beilage zum Huchen in Spekulatius-Polenta S. 157.

Herbstlicher Gemüsesalat
mit Beeren

Zutaten Gemüse

1 mittelgroße Rote Bete
2 Schalotten
2 EL Olivenöl
1 EL Waldhonig
100 ml Rotwein
1 EL Balsamicoessig
Salz, weißer Pfeffer
150 g Muskatkürbis
8 Kerbelknollen
2 Birnen
2 EL Zucker
200 ml Weißwein
12 geschälte Maronen

Zutaten Beeren

150 g Preiselbeeren (ersatzweise Himbeeren oder Brombeeren)
80 g Zucker
200 ml Rotwein
2 Schalotten
150 g Heidelbeeren
200 ml Brühe (siehe Grundrezepte Seite 164)
100 ml Zitronenessig
Saft von 1/2 Zitrone
1 EL Ahornsirup
1 EL mittelscharfer Senf
Salz, weißer Pfeffer
100 ml Distelöl

Gemüse

1 Die Rote Bete schälen und in 1/2 cm dicke Stifte schneiden. Die Schalotten in Scheiben schneiden. Das Olivenöl erhitzen und die Schalotten darin andünsten. Den Honig zugeben, mit Rotwein ablöschen, die Rote Bete hinzufügen und mit Balsamicoessig, Salz und Pfeffer würzen. Zugedeckt bei schwacher Hitze 25 bis 30 Minuten dünsten.

2 Den Muskatkürbis ebenfalls 1/2 cm dicke Stifte schneiden. Die Kerbelknollen schälen und achteln. Die Birnen schälen, vom Kerngehäuse befreien und in feine Spalten schneiden.

3 1 Esslöffel Zucker karamellisieren, mit 100 Milliliter Weißwein ablöschen und Kürbisstifte und Birnenspalten darin 3 bis 5 Minuten garen.

4 Auf dieselbe Weise Maronen und Kerbelknollenspalten 8 bis 10 Minuten garen.

Beeren

1 Die Preiselbeeren mit Zucker und Rotwein 3 Minuten kochen.

2 Die Schalotte abziehen, fein würfeln und mit 50 Gramm Heidelbeeren, 50 Gramm Preiselbeeren und der Brühe mit einem Schneidstab pürieren. Zitronenessig, Zitronensaft, Ahornsirup und Senf unterrühren, mit Salz und Pfeffer würzen und langsam das Distelöl einrühren.

Anrichten

Obst und Gemüse kunterbunt auf dem Teller anrichten, die restlichen Beeren darüber streuen und mit dem Beerendressing beträufeln.

September Oktober

Lasagne von Spinat
und Steinpilzen

Zutaten Steinpilze

400 g Steinpilze
2 EL Olivenöl
1/2 Bund Majoran
Salz, schwarzer Pfeffer
2 Schalotten
2 EL Butter
100 ml weißer Portwein
200 g Crème fraîche
200 g Sahne

Zutaten Spinat

1 kg Spinat
1 Knoblauchzehe
1 Schalotte
1 EL Butter
Salz, schwarzer Pfeffer

Zutaten Nudeln

1 Portion Nudelteig (siehe Seite 43)
2 EL Butter

Steinpilze

1 Die Steinpilze mit einem feuchten Tuch abreiben und die erdigen Strünke abschneiden. Die grünen Lamellen entfernen. Die Pilze in Scheiben schneiden, das Olivenöl erhitzen und die Pilze darin braun anbraten. Den Majoran hacken und auf die Pilze streuen. Mit Salz und Pfeffer würzen.
2 Die Schalotten abziehen und fein würfeln. Die Steinpilzscheiben herausnehmen, die Butter in die Pfanne geben und die Schalottenwürfeln darin andünsten. Mit weißem Portwein ablöschen, Crème fraîche und Sahne hinzufügen, die Sauce auf die gewünschte Stärke reduzieren und mit Salz und Pfeffer würzen.
3 Die Steinpilze und Sauce bis zum Anrichten warm halten.

Spinat

Die Spinatblätter gut waschen und die Stiele entfernen. Die Knoblauchzehe und die Schalotte abziehen und fein würfeln. Die Butter erhitzen und Knoblauch, Schalottenwürfel und Spinat darin andünsten, bis die rohen Blätter in sich zusammenfallen. Mit Salz und Pfeffer würzen.

Nudeln

Den Nudelteig dünn ausrollen und in Dreiecke schneiden, »al dente« kochen und in der Butter anschwenken.

Anrichten

Die heißen Nudeldreiecke, Spinat und Steinpilze abwechselnd in 4 Lagen aufschichten und mit der Sauce umgießen. Mit den schönsten Steinpilzscheiben und Majoranspitzen garnieren.

Tipp: Der Spinat sollte erst kurz vor dem Anrichten zubereitet werden, da er sehr schnell grau wird. Wenn man Spinat blanchiert, sollte man ihn deshalb auch in Eiswasser abschrecken.

September
Oktober

Mufflonrücken mit Haselnuss-Waldhonig-Kruste
auf Dinkelrisotto und Preiselbeer-Quitten-Brot

Zutaten Mufflonrücken

100 g weiche Butter
3 EL Honig
Salz, schwarzer Pfeffer
2 Eier
50 g geröstete, gemahlene Haselnüsse
ca. 70 g Paniermehl
800 g Mufflonrücken, ausgelöst
100 ml Pflanzenöl

Mufflonrücken

1 Die weiche Butter mit den Quirlen des Handrührgeräts schaumig schlagen. Honig, Salz, Pfeffer und Eier zugeben. Haselnüsse und so viel Paniermehl unterrühren, bis eine geschmeidige Masse entstanden ist, die sich gut überbacken lässt.
2 Das Fleisch von den Sehnen befreien und mit Salz und Pfeffer würzen. Das Fleisch in 4 Portionen schneiden. Das Öl erhitzen und die Mufflonrückenstücke darin anbraten.
3 Den Backofen auf 170 °C vorheizen und das Fleisch darin weitere 10 bis 15 Minuten garen. Mit der Kruste bestreichen und unter einem Grill überbacken.

Zutaten Dinkelrisotto

240 g Dinkel oder Grünkern
1 Schalotte
3 EL Butter
400 ml Brühe (siehe Grundrezepte Seite 164)
2 Stängel Blattpetersilie
200 g Herbstrüben
Salz, schwarzer Pfeffer

Dinkelrisotto

1 Den Dinkel über Nacht in Wasser einweichen.
2 Die Schalotte abziehen und fein würfeln. 1 Esslöffel Butter erhitzen und Schalotte und Dinkel darin andünsten. Mit der Brühe ablöschen und den Dinkel weich kochen.
3 Die Blattpetersilie hacken und die Herbstrüben in feinen Würfeln schneiden. Beides zum Dinkel geben und mit Salz und Pfeffer abschmecken. Die Flüssigkeit wird beim Kochen von den Dinkelkörnern fast vollkommen aufgenommen und das Risotto erhält so eine breiige Konsistenz.
4 Zum Schluss die restliche Butter unterrühren.

September Oktober

Zutaten Preiselbeersauce

250 g Preiselbeeren

70 g Zucker

70 g Waldhonig oder Ahornsirup

Zutaten Frittierte und glasierte Pastinaken

300 g Pastinaken

1 l Pflanzenöl zum Frittieren

2 EL Butter

4 EL Geflügelfond (siehe Grundrezepte Seite 164)

1 EL Zucker

Frittierte und glasierte Pastinaken

1 Die Pastinaken schälen. Die eine Hälfte mit der Aufschnittmaschine der Länge nach in 1,5 mm dicke Scheiben schneiden, blanchieren und abtropfen lassen. Anschließend in 180 °C heißem Öl frittieren.

2 Die andere Hälfte der Pastinaken rautenförmig zuschneiden, in der zerlassenen Butter erwärmen und mit Geflügelfond und Zucker glasieren.

Preiselbeersauce

Die Preiselbeeren mit den restlichen Zutaten in einem Topf einkochen und durch ein Sieb streichen. Die Sauce abkühlen lassen.

Zutaten Preiselbeer-Quitten-Brot

1,2 kg Quitten

500 g Zucker

100 g Preiselbeeren

abgeriebene Schale und Saft von 1 Zitrone

abgeriebene Schale und Saft von 1 Orange

Preiselbeer-Quitten-Brot

1 2 Quitten schälen, vom Kerngehäuse befreien und dünn aufschneiden. Auf ein Backblech mit Backpapier legen, im Backofen bei 40 bis 50 °C trocknen und mit einem Messer zu Staub zerhacken. Der Staub kann einige Tage vorher zubereitet werden.

2 Die restlichen Quitten waschen, von den Stielen befreien, klein schneiden und zugedeckt in etwas Wasser in 45 Minuten weich dünsten. Abtropfen lassen und durch ein feines Sieb streichen.

3 Das Quittenmus mit Zucker, Preiselbeeren, abgeriebener Zitronen- und Orangenschale unter ständigem Rühren in einem Topf erhitzen, bis sich die Masse vom Topfboden löst. 1 cm dick auf ein Blech mit Backpapier streichen und im Backofen bei 40 °C in 3 bis 4 Stunden trocknen.

4 Wenn das Quittenbrot fest ist, kann man es in Rauten schneiden.

Anrichten

Das Dinkelrisotto mittig auf einen Teller anrichten. Darauf das Fleisch mit der Kruste stellen und einige frittierte Pastinaken in das Risotto stecken. Die glasierten Pastinaken darum herum verteilen und das Quitten-Preiselbeer-Brot anlegen. Den Staub auf den Rand rieseln lassen und alles mit etwas kalter Preiselbeersauce beträufeln.

Tipp: Das Quittenbrot stammt aus Großmutters Zeiten. Damals war es eine Spezialität zur Weihnachtszeit. Das in Rauten geschnittene Quittenbrot wurde in Zucker gewälzt und konnte so im Herbst hergestellt und über die kalten Monate in Blechbüchsen aufbewahrt werden.

Wildentenbrust
mit Maronenpüree, Rotweinbirnen-Chips und Birnensauce

Zutaten Wildentenbrust

4 Wildentenbrüste am Knochen (im Fachhandel bestellen)

Salz, schwarzer Pfeffer

100 ml Pflanzenöl

5 frische Lorbeerblätter

etwas Thymian

2 EL Butter

Wildentenbrust

1 Die Wildentenbrüste von eventuell noch vorhandenen Federkielen befreien und mit Salz und Pfeffer würzen. Das Pflanzenöl erhitzen und das Fleisch am Knochen darin anbraten.

2 Den Backofen auf 200 °C (Gas Stufe 3–4, Umluft 180 °C) vorheizen und das Fleisch darin 5 Minuten weitergaren, bis die Doppelbrust sich gespannt anfühlt.

3 Die Brustfilets auslösen, auf die gewünschte Garstufe (rosa oder durch) in der Pfanne nachbraten und mit Kräutern und Butter aromatisieren. Die Filets zum Anrichten der Länge nach in Scheiben schneiden.

Zutaten Birnensauce

1 kg Wildknochen

50 ml Pflanzenöl

2 Zwiebeln

2 Möhren

50 g Sellerie

1 EL Tomatenmark

500 ml Rotwein (hier kann auch der Rotweinbirnen-Fond verwendet werden)

2 Birnen

4 Pfefferkörner

4 Wacholderbeeren

1 Lorbeerblatt

2 Zweige Thymian

Salz, schwarzer Pfeffer

2 EL kalte Butter

Birnensauce

1 Die Knochen klein hacken und im Öl scharf anbraten. Das Gemüse schälen und in Würfel schneiden. Wenn die Knochen gebräunt sind, das Gemüse zugeben und ebenfalls Farbe annehmen lassen. Das Tomatenmark hinzufügen und leicht anrösten.

2 2- bis 3-mal mit Rotwein ablöschen und die Flüssigkeit einreduzieren. Mit 3 bis 4 Liter kaltem Wasser auffüllen und ca. 2 Stunden kochen lassen. Ab und zu den Schaum mit einer Kelle abschöpfen.

3 Die Birnen schälen, vom Kerngehäuse befreien und würfeln. Mit Gewürzen und Kräutern in die Sauce geben und nochmals 20 Minuten garen.

4 Die Sauce durch ein Sieb streichen und auf Saucenkonsistenz einkochen. Mit Salz und Pfeffer abschmecken. Kurz vor dem Anrichten mit der kalten Butter aufschlagen.

Tipp: Dieses Rezept ergibt ca. 1 Liter fertige Wildsauce. Da die Zubereitung sehr viel Arbeit bereitet, kann man die Sauce auch in Portionen einfrieren und so mehrere Monate aufbewahren.

Aus dieser Grundsauce kann neben der hier beschriebenen Birnen-Wildsauce auch andere Saucen ableiten:
Preiselbeer-Wildsauce, mit 100 Gramm Preiselbeeren
Quitten-Wildsauce, mit 1 Quitte, geschält und in feine Streifen geschnitten
Pflaumen-Wildsauce, mit 200 Gramm Pflaumen, in Spalten geschnitten
Weinbrand-Sahne-Sauce, mit 1 Esslöffel Weinbrand und 200 Gramm Sahne

Zutaten Rotweinbirnen-Chips

6 Birnen
1 l Rotwein
100 g Zucker
1 Zimtstange
3 Nelken

Rotweinbirnen-Chips

1 Die Birnen schälen und mit der Aufschnittmaschine der Länge nach in 2 mm dicke Scheiben schneiden. Den Rotwein mit Zucker, Nelken und Zimt aufkochen und wieder erkalten lassen bringen. Die Birnen über Nacht in den erkalteten Rotwein einlegen.
2 Am nächsten Tag die Birnenscheiben herausnehmen, abtropfen lassen, auf ein Backblech mit Backpapier legen und im Backofen bei 40 bis 50 °C trocknen, bis sie knackig sind.

Zutaten Maronenpüree

1 EL Butter
2 EL Zucker
500 g geschälte Maronen
200 g Sahne
200 ml Geflügelbrühe (siehe Grundrezepte Seite 164)

Maronenpüree

1 Die Butter in einen Topf geben, Zucker zugeben und solange rühren, bis der Zucker zu karamellisieren beginnt. Die Maronen hinzufügen und mit Sahne und Geflügelbrühe auffüllen.
2 Die Maronen weich kochen, abgießen und ohne Kochfond durch eine Kartoffelpresse drücken. Mit dem Kochfond zu einem geschmeidigen Püree rühren.

Anrichten

Das Maronenpüree mit einer Spritztüte auf den Teller spritzen und die getrockneten Birnenchips hineinstecken. Die Wildentenbrustscheiben anlegen und mit der Birnensauce umgießen.
Einige der Birnenchips können gehackt und als Staub über den Teller gestreut werden. Als Gemüsebeilage eignet sich glasierter Kürbis, Knollensellerie oder Schwarzwurzeln.

Tipp: Falls Sie ungeschälte Maronen verwenden, diese mit einem Messer kreuzweise einschneiden und im heißen Ofen backen, bis sie aufspringen. Aus dem Ofen nehmen und die Schale abziehen. Bei fertig geschälten Maronen ist zu beachten, dass tiefgekühlte, rohe Maronen von besserer Qualität sind als vakuumierte, gekochte.

Steinbeißerpirogge
mit Rahmsauerkraut und Zitronenthymian

Zutaten 1 Zwiebel

4 EL Pflanzenöl

200 ml Weißwein

200 ml Apfelsaft

400 g Sauerkraut

Gewürzsäckchen mit 3 Wacholderbeeren, etwas Kümmel, etwas Piment und einigen weißen Pfefferkörnern

250 g Sahne

Zucker

Salz, weißer Pfeffer

8 Steinbeißerfilets à 80 g

8 rund ausgestochene Blätterteigplatten von 15–20 cm Ø

1 Ei

2 Eigelbe

1 Bund Zitronenthymian

120 g Butter

1 Die Zwiebel abziehen und fein würfeln. 2 Esslöffel Pflanzenöl erhitzen und die Zwiebelwürfel darin glasig dünsten. Mit Weißwein und Apfelsaft aufgießen, das Sauerkraut mit dem Gewürzsäckchen zugeben und das Kraut darin fertig dünsten.

2 Die Sahne aufkochen, auf die Hälfte einreduzieren und unter das Kraut mischen. Mit Zucker, Salz und Pfeffer abschmecken.

3 Die Steinbeißerfilets salzen, das restliche Öl erhitzen und den Fisch darin bei starker Hitze ganz kurz anbraten.

4 Die Ränder der Blätterteigplatten mit Ei bepinseln, Sauerkraut und Steinbeißer darauf verteilen und zu einem Halbmond zusammenklappen. Die Ränder mit einer Gabel fest andrücken und die Oberseite der Blätterteigpiroggen mit Eigelb bestreichen.

5 Den Backofen auf 180 °C (Gas Stufe 2–3, Umluft 160 °C) vorheizen und die Piroggen darin 10 Minuten backen.

6 Die Zitronenthymianblättchen abzupfen. Die Butter in einem kleinen Topf erhitzen, aber nicht braun werden lassen, mit Salz würzen und die Kräuterblättchen zugeben. Einmal aufschäumen lassen und sofort über die fertigen, auf einem Teller angerichteten Piroggen gießen.

Herbstpilze, Gemüse und Graupen
im Kohlblatt geschmort

Graupen

1 Die Graupen waschen, 2 Stunden im kalten Wasser einweichen und abgießen.
2 Die Schalotten abziehen und fein würfeln. Das Olivenöl erhitzen und die Schalottenwürfel darin glasig dünsten. Die Graupen zugeben und 1 Minute mitbraten. Mit der Geflügelbrühe auffüllen, die Safranfäden dazugeben und die Graupen bei schwacher Hitze weich kochen. Der Graupenkern sollte noch Biss haben.
3 Die Butter unterrühren und mit Weißweinessig, Salz, Pfeffer und Zucker abschmecken.

Gemüse und Herbstpilze

1 Das Gemüse putzen, bissfest blanchieren, im Eiswasser abschrecken und in nicht allzu große Stücke schneiden (tournieren).
2 Die Pilze ebenfalls putzen und in kleine Stücke schneiden. Die Schalotte abziehen und fein würfeln. Das Olivenöl erhitzen, die Pilze darin mit Schalottenwürfeln und Thymianspitzen 5 Minuten braten und mit Salz und Pfeffer würzen.

Kohl

1 8 große Blätter vom Wirsing ablösen und die harten Blattrippen entfernen. Die Blätter blanchieren und in Eiswasser abschrecken. Den restlichen Wirsing in Streifen scheiden.
2 Graupen, Pilze und Gemüse auf die Wirsingblätter verteilen, zu Rouladen zusammenrollen und mit Küchengarn verschnüren. Die Rouladen mit Salz und Pfeffer würzen.
3 Das Olivenöl in einem Bräter erhitzen und die Rouladen von allen Seiten darin in anbraten. Wieder herausnehmen, die Wirsingstreifen in den Bräter geben und unter Rühren Farbe annehmen lassen. Mit der Grundsauce auffüllen und die Rouladen wieder zurück in den Topf legen.
4 Den Backofen auf 200 °C (Gas Stufe 3–4, Umluft 180 °C) vorheizen und die Rouladen darin zugedeckt 12 bis 15 Minuten schmoren.

Zutaten Graupen

100 g Graupen

2 Schalotten

2 EL Olivenöl

300 ml Geflügelbrühe (siehe Grundrezepte Seite 164)

5 Safranfäden

80 g Butter

Weißweinessig

Salz, weißer Pfeffer

Zucker

Zutaten Gemüse und Herbstpilze

200 g Gemüse nach Geschmack

200 g Pilze nach Geschmack

2 Schalotten

2 EL Olivenöl

einige Thymianspitzen

Salz, schwarzer Pfeffer

Zutaten Kohl

1 großer Wirsing

Salz, schwarzer Pfeffer

2 EL Olivenöl

500 ml braune Grundsauce (siehe Grundrezepte Seite 164)

Anrichten

Die Rouladen aus der Sauce heben und das Küchengarn entfernen. Jeweils 2 Rouladen auf einen Teller legen. Die Wirsingsauce nochmals mit Salz und Pfeffer abschmecken und zu den Rouladen auf den Teller geben.

Waldbeervariationen

Die folgenden drei Desserts können auch gemeinsam als eine Komposition von Walbeervariationen angerichtet werden.
Wenn in diesen Rezepten von Waldbeeren gesprochen wird, sind damit die letzten vollreifen Beeren gemeint, die im Wald zu finden sind. Sie können sie in einer Beerenmischung nach Ihren Vorlieben zusammenstellen.

Zutaten Waldbeerengratin im Napf

200 g Waldbeeren

40 g Zucker

125 g Magerquark

2 Eigelbe

Zitronensaft

30 g brauner Zucker

Waldbeerengratin im Napf

Die Beeren mit dem Zucker verrühren. Den Quark mit den Eigelben, 1 Spritzer Zitronensaft und zwei Dritteln des braunen Zuckers vermischen. Kleine, feuerfeste Formen halb mit Beeren füllen und mit der Quarkmasse bedecken. Mit dem restlichen braunem Zucker bestreuen und ca. etwa 10 Minuten bei 180 °C im Ofen backen, bis das Gratin eine schöne braune Farbe hat.

Zutaten Strudelteig

230 g Mehl und Mehl zum Bearbeiten

2 EL Öl

Strudelteig

1 Mehl, 115 Millilter lauwarmes Wasser und Öl zu einem Teig verarbeiten und gut durchkneten. Zu einer Kugel formen, in Klarsichtfolie wickeln und 1 Stunde an einem warmen Ort ruhen lassen.
2 Den Teig auf einer bemehlten Fläche ausrollen und über dem Handrücken so dünn wie möglich ausziehen. Ränder, die zu dick sind, abschneiden. Die Teigfläche in 2 Rechtecke der Größe DIN A3 schneiden.

Zutaten Waldbeeren-Knusperparfait

1 Strudelteigblatt der Größe DIN A3

etwas flüssige Butter zum Bestreichen

300 g Waldbeeren

4 Eigelbe

100 g Zucker

500 g Sahne

Waldbeeren-Knusperparfait

1 Den Backofen auf 180 °C (Gas Stufe 2–3, Umluft 160 °C) vorheizen. Ein Backblech mit Backpapier auslegen. Das Strudelteigblatt in 4 bis 6 Rechtecke der Größe einer Kastenform schneiden, mit der flüssigen Butter bestreichen, auf das Blech legen und 10 Minuten im heißen Ofen backen. Die Platten abkühlen lassen.
2 In der Zwischenzeit die Waldbeeren pürieren und durch ein Sieb streichen. Die Eigelbe mit dem Zucker in einer Metallschüssel über einem Wasserbad schaumig aufgeschlagen. Die Eigelb-Zucker-Masse über Eiswasser kalt rühren.
3 Die pürierten Beeren zugeben. Die Sahne steif schlagen und unter die Masse heben.
4 Eine 2 cm hohe Schicht der Parfaitmasse in eine Kastenform füllen und mit 1 Strudelblatt belegen. Auf diese Weise mehrere Schichten bilden und mit einer Schicht Beerencreme abschließen.
5 Das Parfait mindestens 3 Stunden im Tiefkühlfach gefrieren.

Tipp: Damit der Schokoladenüberzug der Früchte nicht grau wird, ist das Temperieren der Kuvertüre sehr wichtig. Die Kuvertüre über einem Wasserbad schmelzen, über Eiswasser kalt rühren, bis die Schokolade zu stocken beginnt, und nochmals über einem Wasserbad verflüssigen, wobei die

Temperatur 32 °C nicht mehr überschreiten darf. Verschiedene Früchte oder Minzeblätter in die Kuvertüre tauchen und die Schokolade auf einem Kuchengitter fest werden lassen.

Zutaten Sabayon

400 ml Rotwein

4 Eigelbe

100 ml Holundersaft

Zutaten Grundrezept für Fruchtsaucen

Früchte für 500 g Fruchtmark von Erdbeere, Mango, Himbeere, Heidelbeere, Pfirsich usw.

250 g Zucker

Saft von 1 Zitrone

Zutaten Waldbeerenstrudel

2 Eier

50 g gemahlene Haselnüsse

30 g Zucker

50 g Marzipanrohmasse

250 g Waldbeeren

1 Strudelteigblatt der Größe DIN A3 (siehe Seite 138)

1 Eigelb

Puderzucker

Waldbeerenstrudel mit Holunder-Rotwein-Sabayon

1 Die Eier trennen und die Eiweiße steif schlagen. Haselnüsse, Zucker, Marzipanrohmasse und Eigelbe zu einer glatten Masse verarbeiten. Eischnee und Beeren vorsichtig unter die Masse heben.

2 Das Strudelblatt auslegen und die Beeren darauf verteilen. Die Ränder dabei frei lassen und mit Eigelb bepinseln. Den Strudel zusammenrollen. Die offenen Enden verschließen.

3 Den Backofen auf 180 °C (Gas Stufe 2–3, Umluft 160 °C) vorheizen und den Strudel im heißen Ofen 15 bis 20 Minuten backen. Vor dem Anrichten mit Puderzucker bestreuen.

Sabayon

Die Zutaten verrühren und über einem Wasserbad zu einer schaumigen Masse mit einer Temperatur von 80 °C aufschlagen. Diesen Vorgang nennt man »zur Rose« aufschlagen, da die Masse so fest wird, dass der Schneebesen beim Rühren geschwungene Spuren sichtbar zurücklässt.

Dekorationstipps

Schokoladenspäne

Von einem Schokoladenstück einem scharfen Messer feine Späne abhobeln.

Orangenstreifen/Zitronenstreifen

Mit einem Messer die Zitronen- oder Orangenschale hauchdünn abschneiden und in feine Streifen schneiden.

Pistazien- und Nusskerne

Mit einem Messer Pistazien- und Nusskerne grob hacken und auf den Teller streuen.

Fruchtsaucen

Die Früchte waschen, entstielen, gegebenenfalls entsteinen, mit einem Schneidestab pürieren und durch ein Sieb streichen. Zucker und Zitronensaft zugeben und verrühren.

Anrichten der Waldbeerenvariation

Einige Beeren auf dem Teller verteilen und 1 Scheibe des leicht angetauten Knusperparfaits, das Beerengratin und 1 Stück Beerenstrudel darauf anrichten. Den Beerenstrudel halb mit der Sabayon überziehen und alles mit Puderzucker bestäuben.

Variante

Waldbeeren in eine Gratinform geben, mit etwas Zucker bestreuen, mit der Sabayon begießen und kurz gratinieren. Dazu kann Eis mit Nüssen gereicht werden.

Die Sabayon kann alkoholfrei auch mit Traubensaft anstatt des Rotweins zubereitet werden.

Marinierter Bergkäse
mit Kürbiskernöl und Apfelessig

Zutaten Kürbiskernbrot

120 g grüne Kürbiskerne, grob gehackt

15 g Hefe

Salz, schwarzer Pfeffer

Koriander

3 EL Kürbiskernöl

3 EL Kürbiskernmehl

220 g Weizenvollkornmehl

2 EL Sesam

Zutaten Marinierter Bergkäse

400 g Bergkäse

grünes Kürbiskernöl

Apfelessig

schwarzer Pfeffer aus der Mühle

einige geröstete, gesalzene Kürbiskerne

Kürbiskernbrot

Die Kürbiskerne grob hacken und mit 250 Milliliter lauwarmem Wasser und den restlichen Zutaten zu einem Teig verkneten, bis er Blasen wirft. An einem warmen Ort gehen lassen, 2-mal durchkneten und wieder gehen lassen, in die gewünschte Form geben und im Backofen bei 160 °C (Gas Stufe 2, Umluft 130 °C) 1 Stunde backen.

Marinierter Bergkäse

1 Den Bergkäse in dünne Streifen schneiden, mit Kürbiskernöl und Apfelessig beträufeln und Pfeffer aus der Mühle darüber mahlen. 30 Minuten marinieren.

2 Vor dem Servieren mit den gerösteten Kürbiskernen bestreuen und das Brot dazu reichen.

Schokoladen-Nuss-Auflauf
mit Amarettosahne

Zutaten Auflauf

40 g dunkle Schokolade

2 Eier

3 EL Butter

3 EL Zucker

60 g gemahlene Nüsse

30 g dunkle Biskuitbrösel

Salz

100 ml Amaretto

8 EL geschlagene Sahne

Auflauf

1 Die Schokolade über einem Wasserbad schmelzen. Die Eier trennen. Je 2 Esslöffel Butter und Zucker schaumig rühren und die Eigelbe und die geschmolzene Schokolade dazugeben. Die Nüsse und die Biskuitbrösel unterrühren.

2 Die Eiweiße mit dem restlichen Zucker und etwas Salz steif schlagen und unter die Masse heben.

3 Den Backofen auf 180 °C (Gas Stufe 2–3, Umluft 160 °C) vorheizen. Vier kleine Förmchen buttern, die Masse darin verteilen und 15 bis 20 Minuten backen.

4 Den Amaretto auf die Hälfte einkochen, erkalten lassen und mit der geschlagenen Sahne verrühren.

Anrichten

Den Auflauf aus den Förmchen stürzen, auf einen Teller stellen und die Amarettosahne an ihm herunter laufen lassen.

Die Nächte werden länger, die Tage immer kürzer.
Rückzug an den Ofen und in die heimatlichen Gefilde.
Kulinarisch heißt das, duftende, warme Gewürze,
leckere, deftige Gerichte und Rückgriff aufs Eingemachte.
Zeit zum Kochen und Backen. Und aus jedem Topf,
aus jedem Ofen duftete es anders, fast immer aber weihnachtlich, nach Zimt, Anis, Nelken und Orangen.

November

Himmlische

Gewürzzeit

Dezember

Himmlische Gewürzzeit

November

Stall und Land

Schlachtfleisch, Geflügel:
Gänse, Hammel, Kapaun

Wild, Wildgeflügel:
Fasan, Gämse (bis 15. Dezember), Hirsch, Mufflon, Rebhuhn (bis 15. Dezember), Reh, Schneehuhn, Wildente, Wildgans, Wildhase, Wildschwein, Wildtaube

Wasser und Strand

Fisch – Süßwasser:
Flussbarsch (Egli), Hecht, Huchen, Karpfen, Saibling, Schleie, Trüsche, Wels (Waller)

Fisch – Salzwasser:
Barbe, Dorade, Kabeljau (Dorsch), Knurrhahn, Merlan, Schellfisch, Seeaal, Zackenbarsch

Krusten-, Schal-, Weichtiere:
Auster, Jakobsmuschel, Kaisergranat (Langostino), Kalmar, Königskrabbe, Miesmuschel, Oktopus, Scheidemuschel, Seeigel, Taschenkrebs, Tintenfisch (Sepia)

Garten und Beet

Obst:
Apfel, Birne, Clementine, Cranberry, Dattel, Feige, Granatapfel, Grapefruit, Hagebutte, Kapstachelbeere, Kumquat, Mandarine, Orange, Quitte

Gemüse:
Crosnes, Grünkohl, Kerbelknolle, Knollensellerie, Kürbis, Lauch, Marone, Meerrettich, Okra, Pastinake, Petersilienwurzel, Rosenkohl, Rotkohl, Rote Bete, Schalotte, Schwarzwurzel, Spitzkohl, Steckrübe, Topinambur, Weißkohl, Wirsing,

Tipp: Um doch an frische Kräuter zu gelangen, kann man sich nun, da es sie nicht vom Freiland gibt, selbst auf der Fensterbank ziehen. Samen und Mini-Gewächshäuser gibt es in jedem Pflanzenmarkt. Das sieht nicht nur sehr dekorativ aus, sondern hat auch noch das gewisse Etwas.

Salat:
- Chicorée, Eichblatt, Endivie, Feldsalat, Frisée, gelber Löwenzahn, Lollo Rosso, Römischer Salat, Radicchio Trevisiano, Winterportulak

Kräuter:
- Eingelegte und getrocknete Kräuter sowie Pestos aller Art, saisonunabhängige Kräuter

Pilze:
- Goldstielpfifferling, Herbsttrompete, Semmelstoppel (Pied de Mouton), schwarze Trüffeln, weiße Trüffeln

Sonstiges

Käse:
- Banon, Brin d'Amour, Gruyere vieux, Pont l'eveque, Raclette

Dezember

WER & WIE? WAS & WIESO?

WESHALB & WARUM?

Manche Gäste möchten es ganz genau wissen. Hier ein paar Informationen, die Sie – vielleicht – verblüffen werden.

Gänse

Die schmackhafteste Gans ist die Hafermastgans, die nicht älter als 1 Jahr und nicht schwerer als 7 Kilogramm sein sollte.
Wegen der zartfleischigen Brust, dem herrlichen Fett und der köstlichen Leber wurden Gänse schon vor langer Zeit in Babylonien und in Ägypten gezüchtet. Somit gehört die Gans wohl mit zu den ältesten domestizierten Geflügelarten.
Gänsefleisch ist sehr kalorienreich und schwer verdaulich. Es sollte nicht zu oft verzehrt werden.

Kardamom

Kardamom ist nach Safran das teuerste Gewürz der Welt. Es sind die getrockneten grünen, schwarzen oder weißen Schoten eines aus Indien stammenden, winterfesten Ingwergewächses, dem Kardamomstrauch. Die wenigen Samenkörner in den Schoten enthalten ätherische Öle und werden zu rötlich-grauem Pulver gemahlen. Manchmal werden auch die Schalen mit vermahlen. Der beste Kardamom kommt aus Sri Lanka.

Lebkuchenjus

Jus, vom französischen Wort für Brühe, wird definiert als ein entfetteter Bratensaft der beim Erkalten geliert, oder reiner Bratensaft der klar oder leicht gebunden sein kann. Eine Lebkuchenjus ist mit den typischen Lebkuchengewürzen, Anis, Gewürznelke, Koriander, Muskat, Piment und Zimt, abgeschmeckt.

Linsen

In Indien, dem Land wo die meisten Linsen verzehrt werden, gibt es 50 verschiedene Sorten dieser Hülsenfrucht. Es gibt graue, braune, gelbe, rote, schwarze und grüne Linsen von unterschiedlicher Größe. Linsen sind nach der Sojabohne die proteinreichste Hülsenfrucht. Die grünen Linsen, die als die besten gelten, braucht man nicht einzuweichen.
Die Herkunft der Linsen ist ungewiss, aber man weiß, dass sie 800 v. Chr. von König Merodach Baladan in Babylon angebaut wurden. Im Mittelalter hatten die Linsen als Armennahrung einen schlechten Ruf. So wurde behauptet, sie seien schwer verdaulich, schwächen das Augenlicht und verursachen schwere Träume. Dagegen wurden Linsen im 16. Jahrhundert als Mittel gegen Pocken empfohlen.

Maronen

Maronen heißen auch Ess- oder Edelkastanien und sind in Form und Farbe den Rosskastinien recht ähnlich. Bevor in Frankreich die Kartoffeln auf den Speiseplan kamen, waren es hauptsächlich Maronen, die die Armen aßen, um satt zu werden. 5 Jahre nach der Pflanzung trägt der Kastanienbaum bereits das erste mal Früchte.
Bis um 1900 gab es in Amerika riesige Kastanienwälder. 1904 wurden Kastaniensprösslinge aus Fernost auf Long Island angepflanzt, die von einem Pilz befallen waren. Im Gegensatz zu den asiatischen Bäumen waren die amerikanischen Verwandten aber nicht dagegen immun, so dass sich die Krankheit rasch ausbreitete, vor allem auch, weil der Befall nicht beachtet und nichts dagegen unternommen wurde. Das führte dazu, dass um 1940 die Maronen in Nordamerika fast gänzlich vernichtet waren.

Meerrettich

Die 3 bis 4 cm dicke und 20 cm lange Pfahlwurzel einer Kreuzblütenstaude hat einen hohen Gehalt an Meerrettichöl oder Senfglykosid, das für den scharfen Geschmack verantwortlich ist und die Tränen in die Augen treibt.

Der Ursprung des Namens ist ungeklärt. Einige glauben, er käme daher, dass Rettich über das Meer von weit her kam, andere leiten den Namen von dem Wort Mähre (altes Pferd) ab, wofür die auch die englische Bezeichnung »horseradish« spricht. Ein alter Aberglaube sagt auch, dass man immer gut bei Kasse ist, wenn man ein Stück Meerrettich im Geldbeutel hat.

Stopfleber (Foie gras)

Stopfleber ist eine umstrittene Delikatesse. Verwendet werden die Lebern von Enten und Gänsen, wobei Gänsestopflebern qualitativ hochwertiger sind.

Wenn die gemästeten Gänse geschlachtet werden, wiegen sie zwischen 6 und 8 Kilogramm und haben eine Leber von bis zu 1 Kilogramm Gewicht. Schon die Pharaonen vor 4500 Jahren wußten um diese Spezialität. Die beste Stopfleber kommt heute aus der Gascogne und dem Périgord.

Timbale

Eine Timbale ist eine gefüllte Becherpastete und bedeutet, aus dem französischen übersetzt, Kesselpauke. Aus der früheren Kesselpaukenform ist eine hohe Becherform geworden und auf die früher übliche Teighülle aus Pasteten-, Mürbe- oder Blätterteig wird heute meist verzichtet. Gefüllt werden die Timbaleformen mit Farcen, Ragouts, Pürees oder einer Kombination davon. Eine Timbale muss nicht immer unbedingt heiß serviert werden, sondern kann auch kalt gereicht werden, wird dann aber häufig mit Gelee überzogen. Timbale werden immer gestürzt und niemals aus der Form gelöffelt.

Wels

Der Wels oder Waller kann bis zu 3 Meter lang und 150 Kilogramm schwer werden, aber kulinarisch am wertvollsten ist er bis 3 Kilogramm Gewicht. Dieser größte europäische Süßwasserfisch lebt am Grund von Seen, in größeren, tiefen Flüssen und wurde auch schon im Meer angetroffen. Der schuppenlose Fisch ist leicht zu erkennen, breiter Kopf, breites Maul und charakteristische, langen Bartfäden. Er ernährt sich von Krebsen, Fröschen und kleinen Fischen und greift auch Kleinsäuger und Wasservögel an. Im Winter nimmt er keine Nahrung zu sich und hält eine Art Winterruhe. In Südrussland wird sein Rogen zu Kaviar verarbeitet.

Wildhasen und Wildkaninchen

Wildhasen und Wildkaninchen gehören derselben Familie an. Wildhasen sind jedoch größer, sie werden ca. 75 Zentimeter groß, und ihr dunkelrotes Fleisch hat im Gegensatz zum eher kraftlosen Wildkaninchenfleisch einen hoch aromatischen Wildgeschmack.

Wildhasen werden 3,5 bis 6 Kilogramm schwer und sind weltweit verbreitet. In kälteren Regionen sind sie als Schnee- und Polarhasen bekannt.

Die Meinungen über Hasenbraten gehen in der Geschichte weit auseinander. Die Hebräer des Alten Testaments empfanden Hasenfleisch als unrein, die Griechen glaubten, der Verzehr von Hasenfleisch verursache Schlaflosigkeit, die Römer hingegen meinten, dass es schön mache und die Gallier schätzen seinen starken Geschmack.

Wildschwein: (Schwarzwild)

Am besten ist das Fleisch der Frischlinge. Ihr Gewicht beträgt ca. 25 bis 30 Kilogramm. Auf älteres, rauschiges Fleisch (Paarungszeit) sollte verzichtet werden, da dieses Fleisch einen geschlechtsspezifischen Geruch hat, der selbst durch Beizen und Pöckeln bestehen bleibt.

Babylonischer Turm von Wildhase, Gänseleber und Feldsalat
mit Mandarinen-Kardamom-Vinaigrette

Zutaten Hase und Leber

4 Wildhasenkeulen
gemahlener Kardamon
10 g Spezialgewürzsalz
5 g Pökelsalz
200 g Gänsestopfleber
100 ml Grand Manier
100 ml roter Portwein
50 g Mehl
1 EL Pflanzenöl
1 Paket Strudelteig (oder nach dem Rezept Seite 165)
250 g Feldsalat

Hase und Leber

1 Die Hasenkeulen von Sehnen und Häuten befreien und die Knochen auslösen. Das Fleisch etwas platt klopfen und mit Kardamom, Gewürz- und Pökelsalz einreiben. Die Gänsestopfleber in 4 Scheiben schneiden. Grand Manier und Portwein vermischen und Hasenkeulen und Gänseleber darin über Nacht marinieren.
2 Die Keulen herausnehmen, trockentupfen, zu einer Roulade zusammenrollen und fest in Alufolie wickeln. Ca. 40 Minuten im Wasserbad bei 80 °C pochieren. In Eiswasser abschrecken und einige Stunden durchkühlen lassen, damit sich die Rouladen problemlos aufschneiden lassen.
3 Die Gänseleber trockentupfen und in Mehl wenden. Das Öl erhitzen und die Leberscheiben darin auf jeder Seite in 2 Minuten goldgelb braten.
4 Den Backofen auf 180 °C (Gas Stufe 2–3, Umluft 160 °C) vorheizen. Ein Backblech mit Backpapier auslegen. Aus dem Strudelteig Kreise von 12 cm Ø ausschneiden, auf das Blech legen und im heißen Ofen 10 Minuten backen.
5 Den Feldsalat putzen, gründlich waschen und abtropfen lassen.

Zutaten Spezialgewürzsalz (für ca. 1 kg)

10 g Korianderkörner
2 g Kardamon
2 g Muskat
10 g Ingwer
2 g Nelken
10 g weißer Pfeffer
5 g Cayennepfeffer
5 g schwarzer Pfeffer
5 g getrocknete Lorbeerbeerblätter
5 g getrockneter Majoran
10 g getrockneter Thymian
10 g getrockneter Basilikum
1 kg Salz

Spezialgewürzsalz

Alle Zutaten, die sehr trocken sein müssen, mit einer Küchenmaschine so fein wie möglich zermahlen und durch ein Sieb streichen. 15 Gramm der Gewürzmischung mit 1 Kilogramm Salz vermischen.

Tipp: Zur Zeit sind manchmal Crosnes auf dem Markt zu haben. Sie sind eine fast vergessene Gemüsesorte, die noch in Frankreich angebaut wird und gekocht nach nussigen Kartoffeln schmeckt. Durch Ihre Raupenform sehen sie äußerst dekorativ aus. Botanisch sind sie mit der Sonnenblume

verwandt und wachsen unter der Erde als Wurzelverdickung. In Deutschland kannte man sie früher als »Knollenziest«. Wegen ihres nussigen Geschmacks passen Crosnes besonders gut zu dieser Vorspeise mit Hase und Feldsalat.

10 Kardamomkapseln
Saft von 4 Mandarinen
1 Eigelb
mittelscharfer Senf
2 EL Brühe (siehe Grundrezepte Seite 164)

Zutaten Vinaigrette

4 EL Distelöl
1 EL Sherryessig
1 EL Balsamicoessig
1 EL Orangenöl
Zucker
Salz, schwarzer Pfeffer

Mandarinen-Kardamom-Vinaigrette

1 Die Kardamomkapseln grob zerstoßen und mit dem Mandarinensaft erhitzen. Den Saft einkochen, bis noch 2 Esslöffel übrig sind. Durch ein Sieb gießen und abkühlen lassen.

2 Für das Dressing das Eigelb, Senf, Brühe, Distelöl, Sherry- und Balsamicoessig verrühren und mit der Kardamomreduktion, Orangenöl, Zucker, Salz und Pfeffer würzen.

Zubereitung

Crosne waschen, an beiden Enden anschneiden, 5 Minuten in Wasser kochen und in Butter andünsten. Mit dem Feldsalat anrichten.

Eingemachte Crosnes

Die geputzten Crosnes mit etwas Meersalz, 1 Lorbeerblatt und einigen schwarzen Pfefferkörnern in Einmachgläser mit Bügelverschluss füllen. Mit kochendem Mineralwasser auffüllen, verschließen und 20 Minuten im Wasserbad knapp unter dem Siedepunkt garen.

Anrichten

Hasenroulade in dünne Scheiben schneiden und abwechselnd mit der Gänseleber und den Strudelblättern zu Türmen stapeln. Die Türme auf ein Bett aus Feldsalat setzen und Turm und Salat mit der Kardamomvinaigrette beträufeln.

Varianten

Anstatt der Hasenkeulen können Perlhuhnkeulen verwendet werden. Vegetarier können den Turm aus Strudelblättern, Fenchel- und Auberginenscheiben schichten.

Seeigelschaumsuppe
mit Austern und Sternanisstaub

Zutaten Fond

1/2 Stange Lauch
2 Schalotten
1/2 Stück Staudensellerie
30 g Butter
100 ml Fischfond
100 ml Nolly Prat
100 ml Weißwein
250 g Sahne
2 EL Zitronensaft
Salz
Cheyennepfeffer
Sternanisstaub

Fond

1 Lauch und Schalotten abziehen; den Staudensellerie putzen. Dann alles klein schneiden und in der heißen Butter glasieren.
2 Mit Fischfond, Nolly Pratt und Weißwein ablöschen und 10 Minuten kochen lassen. Nun die Sahne und den Zitronensaft zugeben, mit Salz, Cheyennepfeffer und Sternanisstaub abschmecken; nochmals aufkochen lassen.
3 Zum Schluss mit einem Mixstab pürieren und durch ein Sieb abgießen.

Zutaten Seeigel

8 Seeigel
100 g Butter
8 Austern
Sternanisstaub

Seeigel

1 Die Seeigel mit einem Sägemesser im oberen Drittel aufsägen. Den gesamten Inhalt durch ein Sieb abgießen und den Saft dabei auffangen. Mit einer Pinzette die Seeigelzungen herauslösen und von den Stachelresten befreien.
2 Die sauberen Seeigelzungen in den passierten Seeigelsaft legen und mit der aufgekochten Grundsuppe und der Butter mixen.
3 Die Austern öffnen und aus der Schale lösen. Jeweils zwei Austern in den Teller legen und mit der heißen Seeigelschaumsuppe begießen. Den feinen Sternanisstaub auf die Suppe stäuben.

Tipp: Austern öffnen leicht gemacht: Die Auster zwischen ein Küchenhandtuch legen und fest halten. Das Austernmesser zwischen die beiden Schalen stecken und die Auster damit aufhebeln; mögliche Schalensplitter mit einem Pinsel entfernen.

Timbale von Wels und Linsen
auf Meerrettich-Wirsing-Gemüse

Zutaten Wirsing

1/2 Kopf Wirsing

2 EL Butter

100 ml Fischfond (siehe Grundrezepte Seit 164)

50 ml Estragonessig

Salz, schwarzer Pfeffer

100 g Sahne

Zutaten Anrichten

1 kleines Stück frischer Meerrettich

Zutaten Timbale

50 g Berglinsen

1 Möhre

1/4 Knolle Sellerie

1/4 Stange Lauch

2 Schalotten

8 EL Butter

500 ml Brühe (siehe Grundrezepte Seit 164)

1 EL Balsamicoessig

1 EL braune Grundsauce (siehe Grundrezepte Seit 164)

Salz, weißer Pfeffer

150 g gefrorenes Zanderfilet

100 g Sahne

abgeriebene Zitronenschale

1 EL Nolly Prat

1 Eiweiß

2 EL geschlagene Sahne

400 g Welsfilet

50 g Mehl

Timbale

1 Die Linsen über Nacht einweichen.

2 Das Gemüse putzen, schälen und in Würfel schneiden. Die Schalotten abziehen und fein würfeln. Die Linsen abgießen. 2 Esslöffel Butter erhitzen und Linsen, Gemüse- und Schalottenwürfel darin andünsten. Mit der Brühe aufgießen und 20 Minuten garen. Mit Balsamicoessig, Grundsauce, Salz und Pfeffer würzen und abkühlen lassen.

3 Das Zanderfilet mit der Sahne, Zitronenschale und Nolly Prat in der Küchenmaschine pürieren. Das Eiweiß zugeben und kurz mitpürieren. Die Farce durch ein Sieb streichen und die geschlagene Sahne unterheben.

4 4 mittelgroße Portionstimbalen mit Butter ausstreichen und Boden und Rand mit der Farce bedecken. Mit dem Finger vorsichtig glattstreichen und das kalte Linsengemüse einfüllen. Mit etwas Farce abdecken. Die Timbalen fest mit Alufolie verschließen und im Wasserbad 20 Minute bei 80 °C pochieren.

5 Den Wels in 8 Stücke schneiden, mit Salz und Pfeffer würzen und im Mehl wenden. 4 Esslöffel Butter erhitzen und den Wels darin 6 bis 8 Minuten braten.

Wirsing

1 Die Wirsingblätter ablösen und von den Mittelrippen befreien. Die Blätter in Rauten schneiden und kurz in kochendem Wasser blanchieren.

2 Die Butter erhitzen und den Wirsing darin andünsten. Mit dem Fischfond aufgießen und das Gemüse weich kochen.

3 Den Wirsing mit Estragonessig, Salz und Pfeffer würzen. Die Sahne steif schlagen und unterheben.

Frittierte Rote Bete

2 Knollen Rote Bete schälen und in hauchdünne, möglichst lange Streifen schneiden. In einer Fritteuse bei 150 °C kurz blanchieren, die Temperatur auf 190 °C erhöhen und die Streifen knusprig backen. Herausheben, auf Küchenpapier abtropfen lassen und leicht gesalzen auf die Timbale setzen.

Rote-Bete-Pesto

1 Knolle Rote Bete, schälen, kochen, fein würfeln und mit 3 Esslöffeln gehackten Pinienkernen, 3 Esslöffeln Balsamicoessig, 200 Milliliter Olivenöl, Blattpetersilie in Streifen und 3 Esslöffel Parmesan verrühren. Mit Salz, weißem Pfeffer und Zucker abschmecken.

Varianten

Für eine kalorienärmer Version ersetzen Sie Wirsing durch Schwarzwurzeln und die Linsen durch Tomatenwürfel mit Kräutern.
Anstelle von Wels kann auch Forellenfilet verwendet werden.

Anrichten

Den Wirsing mit der Sauce auf dem Teller anrichten und etwas Meerrettich darüber reiben. Die Timbale auf den Wirsing stürzen und anschneiden, so dass die Linsen aus dem Farcemantel herauslaufen. Jeweils 2 Welsstücke anlegen. Wer möchte, mit Rote-Bete-Pesto servieren.

Tipp: Als zusätzliche Garnitur sehen frittierte Rote-Bete-Streifen sehr dekorativ aus.

Gänsebraten mit Birnenrotkohl
und Maronen-Kartoffel-Rösti an Lebkuchenjus

Zutaten Gänsebraten

1/2 Bund Beifuß

1 kleine Gans

Salz, schwarzer Pfeffer

1 Zwiebel

2 Äpfel

2 Orangen

500 ml braune Grundsauce (siehe Grundrezepte Seite 164)

Lebkuchengewürzpulver

Zutaten Birnenrotkohl

1/2 Kopf Rotkohl

1 Zwiebel

50 g Gänseschmalz

1 Apfel

1 Birne

2 EL Preiselbeeren

100 ml Rotwein

50 ml Portwein

1 EL Apfel- oder Birnenessig

gerebelter Beifuß

2 EL Honig

2 EL Walnussöl

Saft und abgeriebene Schale von 1 Orange

Salz, schwarzer Pfeffer

Birnenrotkohl

1 Den Rotkohl in Blätter zerteilen, waschen, die Blätter von der harten Mittelrippe befreien und in feine Streifen schneiden.

2 Die Zwiebel abziehen und fein würfeln. Das Gänseschmalz erhitzen und die Zwiebeln darin glasig dünsten. Den Rotkohl zugeben und 5 Minuten mitdünsten.

3 Apfel und Birne schälen, vierteln, vom Kerngehäuse befreien und reiben. Preiselbeeren, Rotwein, Portwein, Apfelessig, Beifuß, Honig, Walnussöl, Orangensaft und -schale zum Rotkohl geben, gut vermischen und über Nacht marinieren.

4 Den Rotkohl in der Marinade in ca. 1 Stunde weich kochen und mit Salz und Pfeffer abschmecken.

Gänsebraten

1 Den Beifuß hacken. Die küchenfertige Gans waschen, trockentupfen und mit Salz, Pfeffer und etwas gehacktem Beifuß einreiben.

2 Die Zwiebel abziehen und grob würfeln. Die Äpfel schälen, vierteln, vom Kerngehäuse befreien und in Würfel schneiden. Die Orangen schälen und in Stücke schneiden. Obst und Zwiebeln vermischen, mit dem restlichen Beifuß würzen und in die Gans füllen. Die Gans mit Küchengarn zunähen.

3 Überschüssige Füllung in einen Gänsebräter geben, 5 cm hoch mit Wasser füllen und die Gans darauf setzen.

4 Den Backofen auf 160 °C (Gas Stufe 2, Umluft 130 °C) vorheizen. Die Gans zugedeckt in den heißen Ofen schieben.

5 Nach 40 Minuten aufdecken, die Grundsauce und nochmals etwas Wasser zugießen. Die Gans alle 10 Minuten mit dem Bratensaft begießen. Nach ca. 1,5 Stunden mit einer Fleischgabel in die Keule stechen. Wenn der austretende Saft klar ist, ist die Gans fertig. Die Gans 15 Minuten an einem warmen Ort ruhen lassen.

6 Den Bratensaft zu einer dickflüssigen Konsistenz einkochen, durch ein Sieb gießen, entfetten und mit Lebkuchengewürz, Salz und Pfeffer abschmecken.

Die Gans ist ein sehr schweres Gericht, im wahrsten Sinne des Wortes, gehaltvoll und aufwendig. Dieses Festmahl kostet etwas Zeit und Mühe. Es lohnt sich aber wirklich. Wie ein altes chinesisches Sprichwort sagt: »Keine Speise wird gar und kein Brot wird gebacken ohne Feuer, und doch will der Mensch reif werden ohne Leid.«

Maronen-Kartoffel-Rösti

1 Die Kartoffeln waschen, schälen und raspeln. Die Maronen reiben und mit den Kartoffeln vermischen. Mit Salz und Pfeffer würzen.
2 Den Backofen auf 200 °C (Gas Stufe 3–4, Umluft 180 °C) vorheizen. Etwas Öl in einer Pfanne erhitzen, die Kartoffel-Maronen-Masse portionsweise hineingeben, flachdrücken und auf beiden Seiten goldgelb anbraten. Auf ein Blech legen und im heißen Ofen in 10 Minuten fertig backen.

Zutaten Maronen-Kartoffel-Rösti

4 große Kartoffeln

250 g geschälte Maronen

Salz, schwarzer Pfeffer

4 EL Sonnenblumenöl

Zutaten Kartoffelgnocchi

1 kg Kartoffeln	**70 g Weizengrieß**
Meersalz	**3 Eigelbe**
70 g Butter	**Salz, schwarzer Pfeffer**
250 g Mehl	**Muskat**

Variante

Eine erlesene Alternative für die Rösti bieten Kartoffelgnocchi, die mit zum Servieren mit den Maronen in Butter gebraten werden.

Kartoffelgnocchi

1 Die Kartoffel waschen, 1 Stunde auf Meersalz im Backofen bei 160 °C ausdämpfen lassen, pellen und durch eine Kartoffelpresse drücken.
2 Die Butter leicht bräunen und mit Mehl, Hartweizengrieß und Eigelben zur heißen Kartoffelmasse geben. Mit einem Holzlöffel verrühren und mit Salz, Pfeffer und Muskat würzen.
3 Den Teig zu langen Würsten formen, in kleine Stücke teilen und zu Kugeln drehen. Diese mit einer Gabelspitze an einer Seite eindrücken.
4 Die Gnocchi in leicht gesalzenem Wasser kochen, bis sie an der Wasseroberfläche schwimmen, abgießen, abschrecken und abtropfen lassen.

Truthahn mit Ingwer-Kürbis-Gemüse
und Brezenknödel

Zutaten Truthahnbraten (Für 6 bis 8 Portionen)

ein junger Truthahn ca. 2,5–3 kg

100 ml Pflanzenöl

Salz, schwarzer Pfeffer

2 Möhren

1/2 Knolle Sellerie

1 Stange Lauch

3 Flaschentomaten

3 Blutorangen

3 Äpfel (Boskoop)

1 Zweig Rosmarin

1 Zweig Zitronenthymian

50 g Ingwerwurzel

1 l Rotwein

2 l Geflügelbrühe (siehe Grundrezepte Seite 164)

gemischte Weihnachtsgewürze

60 g Speisestärke

Meersalz

Zitronenpfeffer

200 g Butter

Zutaten Kürbisgemüse

1,6 kg Kürbis

50 g Ingwerwurzel

200 g Zucker

160 g Butter

100 ml Geflügelbrühe (siehe Grundrezepte Seit 164)

Saft von 3 Blutorangen

Meersalz

Zitronenpfeffer

gestoßene Korianderkörner

Zutaten Brezenknödel

12 altbackene Laugenbrezen (ca. 800 g)

750 ml lauwarme Milch

6 Eier

50 g Mehl

100 g Butter

1/2 Bund Blattpetersilie

Salz, schwarzer Pfeffer

Muskat

Truthahnbraten

1 Den Truthahn mit Öl einreiben und von innen und außen mit Salz und Pfeffer würzen.
2 Gemüse und Früchte je nach Sorte putzen, in haselnussgroße Stücke schneiden und in einem geeigneten Bratgeschirr verteilen.
3 Den Backofen auf 140 °C (Gas Stufe 1) vorheizen. Den Truthahn mit den Kräuterzweigen und den in Scheiben geschnittenen Ingwer füllen und auf das Gemüse setzen. Den Rotwein und die Geflügelbrühe angießen und den Truthahn im Ofen garen. Pro Kilogramm Gewicht muss man 1 Stunde Garzeit rechnen. Der Truthahn ist gar, wenn klarer Fleischsaft nach dem Anstechen mit einer Fleischgabel aus der Keule austritt. Wenn die Haut zu dunkel wird, mit Alufolie abdecken.
4 Den Truthahn herausnehmen und warm stellen. Den Bratensatz mit etwas Wasser und der Weihnachtswürze aufkochen, dann durch ein Sieb streichen. Mit der in wenig kaltem Wasser glatt verrührten Speisestärke binden und mit Meersalz und Zitronenpfeffer abschmecken. Sie Sauce kurz vor dem Servieren mit kalter Butter aufmixen.

Kürbisgemüse

1 Den Kürbis schälen, die Kerne entfernen, das Fruchtfleisch von der Schale schneiden und würfeln.
2 Den Ingwer schälen, erst in Scheiben, dann in Stifte schneiden und mit Zucker und Butter in einer Pfanne erhitzen, bis der Zucker karamellisiert. Mit Geflügelbrühe und Blutorangensaft ablöschen und aufkochen. Mit den Gewürzen würzen.
3 Die Kürbiswürfel in die Flüssigkeit geben und in 6 bis 8 Minuten weich kochen.

Brezenknödel

1 Brezen zerschneiden und in der Milch einweichen.
2 Die Eier und das Mehl in diese Masse einarbeiten, die Butter zerlassen und zugeben. Die Petersilie waschen, trockentupfen, die Blätter abzupfen und hacken. Petersilie und Gewürze unter den Teig mischen und ca. 16 kleine Knödel daraus formen.
3 Die Brezenknödel in leicht gesalzenem Wasser in 30 Minuten gar kochen.

Anrichten

Den Truthahn tranchieren und das Fleisch mit Kürbisgemüse und 2 Brezenknödel pro Portion anrichten.

Huchen in Spekulatiuspolenta
auf Wildreis mit eingemachtem Mais-Kürbis-Gemüse

Zutaten Gewürzpolenta

35 g Schnellkochpolenta
Salz, Pfeffer
Spekulatiusgewürzmischung
1 Zitronenabrieb

Zutaten Wildreis

250 g Wildreis
Salz
1 EL Butter

Zutaten Huchen

800 g Huchenfilet
Salz
Cayennepfeffer
etwas Mehl
2 Eier
Olivenöl zum Anbraten
2 EL Butter
Saft von 1/2 Zitrone

Zutaten Mais-Kürbis-Gemüsesauce

3 Schalotten
1 EL Butter
1 Glas Mais-Kürbis-Gemüse (siehe Seite 125)
200 ml Fischfond
200 ml Crème fraîche
Spekulatiusgewürz
Salz, Pfeffer

Gewürzpolenta
Alle Zutaten miteinander vermengen

Huchen
1 Die Huchenfilets unter fließendem kaltem Wasser abwaschen und von möglichen Gräten befreien. Dann trockentupfen und in 10 cm lange Stücke schneiden. Die Filets salzen und pfeffern, in Mehl wenden und durch die verquirltes Eier ziehen. Mit der Gewürzpolentamischung fest ummanteln.
2 Die panierten Filets in heißem Öl auf allen Seiten braten; dann mit kalten Butterflocken und etwas Zitronensaft fertig garen.

Wildreis
Den Wildreis in Salzwasser ca. 50 bis 60 Minuten weich kochen. Dann abschütten und mit der Butter verfeinern.

Mais-Kürbis-Gemüsesauce
1 Die Schalotten schälen, würfeln schneiden und in Butter anschwitzen. Mit etwas Einmachfond aus dem Glas und dem Fischfond ablöschen. Crème fraiche zugeben und 5 Minuten kochen lassen.
2 Mit Spekulatiusgewürz, Salz und Pfeffer abschmecken, pürieren und durch ein Sieb streichen.

Anrichten
Den Wildreis mit Mais und Kürbis mischen und zusammen mit 3 Esslöffeln der Sauce erwärmen. Den Huchen anschneiden, auf den Wildreis-Gemüse-Mix anrichten. Die Sauce aufmixen, um den Fisch anrichten und den Tellerrand mit etwas Lebkuchengewürz bestreuen.

Wildschweingulasch und Roulade

mit Zimt und Lorbeeren dazu Hagebutten-Kartoffel-Blinis

Zutaten Hagebuttenmus und glasierte Hagebutten

500 g Hagebutten

100 g Zucker

100 ml Rotwein

1 TL gemahlenen Zimt

3 EL Zucker

1 Msp. Zimt

5 cl Rotwein

1 EL Butter

Zutaten Gulasch und Roulade

1 kg Wildschweinkeule

200 g Hagebuttenmus

4 Scheiben Bauchspeck

Salz, Pfeffer

1 Möhre

1 Lauch

100 g Sellerie

2 Zwiebeln

100 ml Öl

2 EL Tomatenmark

0,2 l Rotwein

0,5 l braune Grundsauce (Anhang)

1 Zimtstange

6 Pfefferkörner

4 Lorbeerblätter

2 Nelken

2 EL Speisestärke

Hagebuttenmus und glasierte Hagebutten

1 Die Hagebutten 2 Stunden in lauwarmen Wasser einweichen. Anschließend halbieren und die Kerne mit einem Kugelausstecher aus den Früchten entfernen.
2 Für das Mus 400 Gramm der Hagebutten mit Rotwein, Zimt und Zucker in einem Topf weich kochen, dann durch ein Sieb streichen. Falls das Mus noch etwas zu flüssig ist, nochmals etwas einkochen lassen.
3 Die restlichen Hagebutten mit Zucker, Zimt und Rotwein in Butter glasieren.

Gulasch und Roulade

1 Die Wildschweinkeule von Fett und Sehnen befreien. Aus dem schönsten Teil 4 dünne Fleischscheiben für die Rouladen herausschneiden. Den Rest der Keule in 2 x 2 cm große Würfel für den Gulasch schneiden. Die Rouladenfleisch nun mit dem Hagebuttenmus und einer Scheibe Bauchspeck füllen, mit Salz und Pfeffer würzen und zusammenwickeln. Am besten mit einem Zahnstocher zusammen stecken.
2 Möhre, Lauch, Sellerie und Zwiebel putzen, waschen und in Würfel bzw. Streifen schneiden.
3 Die Rouladen nun in heißem Öl anbraten und auf einem Teller beiseite stellen. Dann den Gulasch anbraten. Wenn der Gulasch braun ist, die Gemüsewürfel zugeben und ebenfalls mit anbraten.
4 Dann das Tomatenmark zugeben und leicht anrösten lassen. Mit dem Rotwein, 300 Milliliter Wasser und der Bratensauce ablöschen. Die beiseite gestellten Rouladen zusammen mit der Zimtstange, Pfefferkörnern, Lorbeerblätter und Nelken mit in den Topf geben. Das Ganze ca. 50 Minuten kochen lassen, bis die Rouladen und das Gulasch weich sind. Dann die Rouladen und das Gulaschfleisch herausnehmen und beiseite stellen.
6 Die Sauce durch ein Sieb gießen und abschmecken. Anschließend die Speisestärke mit wenig Wasser anrühren und die Sauce damit abbinden. Nochmals mit Salz und Pfeffer abschmecken. Das Fleisch nun wieder in die Sauce zurücklegen.

Anrichten

Die Roulade in die Tellermitte setzen. Jeweils rechts und links davon ein Blinitürmchen platzieren. Den Gulasch und die glasierten Hagebutten mit etwas Sauce zwischen den Türmen und der Roulade verteilen

Tipp: Als Beilage eignen sich Wirsing, Rotkohl, Schwarzwurzeln oder Pilze aller Art.

Kartoffelblinis mit Hagebuttenmus

1 Die Kartoffeln in Salzwasser weich kochen, pellen und gut abkühlen lassen. Dann mit einer Küchenreibe reiben und mit dem Mehl, den Eiern, der Crème double und der Milch verrühren. Mit Salz; Pfeffer und Muskat abschmecken.
2 Das Eiweiß steif schlagen und unter die Kartoffelmasse heben.
3 Mit einem Esslöffel ca. 2 cm große runde Taler formen und im heißen Pflanzenöl ausbacken. Die fertigen runden Blinis auf Küchenkrepp abtropfen lassen und mit Hagebuttenmus bestreichen. Jeweils 4 Blinis aufeinander setzten, so dass ein kleiner runder Turm entsteht.

Zutaten Kartoffelblinis mit Hagebuttenmus

500 g Kartoffeln

Salz

3 EL Mehl

3 Eier

3 EL Crème double

100 ml Milch

Pfeffer

Muskat

4 Eiweiß

100 ml Pflanzenöl

Hagebuttenmus (siehe Seite 158)

Rumtopf aus dem Morgenland
mit geeistem Christstollen

Zutaten Rumtopf

1 Ananas
4 Tamarillos
1 Grapefruits
4 Klementinen
4 Kumquats
1 Orange
20 Rosinen
100 g Zucker
100 ml weißer Rum
200 ml Multivitaminsaft
50 ml Grenadine
1 Zimtstange
Zeste von 1 Limone
3 Sternanis

Zutaten Zitronen-Rum-Cocktail

200 ml Rumtopf-Marinade
Saft von 1 Zitrone
400 ml Ginger Ale
Minzeblatt Juliennes

Zutaten Christstollenparfait

50 g Zitronat
50 g Orangeat
50 g Rumrosinen
50 g geriebene Mandeln
250 g Sahne
2 Tropfen Bittermandelaroma
1 TL Christstollengewürz
Salz
4 Eigelbe
50 g Zucker

Zutaten Anrichten

Schokoladenspäne
Mandelblättchen

Rumtopf

1 Die Früchte schälen, in Scheiben schneiden oder in Segmente und Filets zerteilen und mit Zucker bestreuen. Die Rosinen waschen.
2 Rum, Multivitaminsaft und Grenadine vermischen, mit der Zimtstange, Limonenzeste und dem Sternanis aufkochen und dann erkalten lassen. Die Früchte darin mindestens 2 Tage marinieren lassen.

Zitronen-Rum-Cocktail

200 Milliliter Rumtopf-Marinade mit dem Saft von 1 Zitrone, 400 Millilliter Ginger Ale und in Streifen geschnittenen Minzeblättern in einem Cocktailshaker mixen und in Longdrinkgläser mit Zuckerrand auf Eiswürfel gießen.

Christstollenparfait

1 Zitronat und Orangeat fein hacken und mit Rosinen und Mandeln in 50 Gramm Sahne aufkochen. Mit Bittermandelaroma, Christstollengewürz und Salz würzen.
2 Die Eigelbe mit dem Zucker über einem Wasserbad aufschlagen. Die Gewürzsahne zugeben und über Eiswürfeln kalt schlagen.
3 Die restliche Sahne steif schlagen und unter die Parfaitmasse heben. Eine Kastenform mit Klarsichtfolie ausschlagen, die Masse einfüllen und im Tiefkühlfach gefrieren.

Anrichten

Das Parfait stürzen und in Scheiben schneiden. Jeweils 2 bis 3 Scheiben auf die eine Hälfte des Tellers legen, auf die andere Hälfte die Rumtopf-Früchte geben. Den Tellerrand mit den Schokoladenspänen, Mandelblättchen und eingelegten Gewürzen garnieren.

Varianten

Zu den Rumtopffrüchten passen auch andere Parfaits, wie z. B. Vanille-Schokoladen-Parfait, Amarettoparfait oder Minzparfait. Das Grundrezept bleibt das gleiche. Für das Vanilleparfait wird anstatt der Früchte und Mandeln das Mark von 1 Vanilleschote mit 50 Gramm Sahne aufgekocht und 50 Gramm Schokoladenspäne mit der geschlagenen Sahne untergehoben; entsprechend 4 Esslöffel Amaretto und 50 Gramm kaffeegetränkte Amarettini bzw. 4 Esslöffel Minzlikör und 50 Gramm gehackte Pistazien.

Tipp: Die Marinade kann für das Anrichten mit Speisestärke gebunden werden, damit sie etwas dickflüssiger wird und nicht zu sehr verläuft. Man kann sie auch für einen Cocktail verwenden, den man zum Dessert reicht.

November
Dezember

Kokosmousse mit Mandarinenjoghurteis

Zutaten Karamellisierte Kokosnuss

1/2 Kokosnuss

Zucker

Karamellisierte Kokosnuss

1 Kokosnuss aufbrechen, das Fleisch in Halbmonde schneiden, mit Zucker bestreuen und im Backofen bei 160 °C karamellisieren lassen. Restliches Kokosfleisch reiben und in der Kokosmilch einlegen.

Zutaten Kokosmousse

100 ml Milch

1 Msp. Vanillemark

50 g Kokoscreme

2 EL Batida de Coco

2 Blatt Gelatine

150 g Sahne

Kokosmousse

Die Milch mit dem Vanillemark aufkochen. Kokoscreme, Batida de Coco und die eingeweichte Gelatine zugeben. Die Sahne schlagen und vorsichtig unter die kalte Kokosmilch heben. Die Masse in eine Schüssel füllen und für mindestens 6 Stunden in den Kühlschrank stellen.

Zutaten Mandarinenjoghurteis

5 Mandarinen

250 g Joghurt

125 ml Sekt

125 g Läuterzucker

Mandarinenjoghurteis

Die Mandarinen auspressen. Den Mandarinensaft mit dem Joghurt, dem Sekt und dem Läuterzucker verrühren und in einer Eismaschine frieren lassen. Einige Mandarinenfilets können mit in die Eismasse eingerührt werden.

Zutaten Mandarinenfilets

4 Mandarinen

100 ml Orangensaft

2 EL Stärkemehl

Mandarinenfilets

Die Mandarinen schälen und filetieren. Den Orangensaft aufkochen. Das Stärkemehl mit dem Saft der ausgepressten Mandarinenreste anrühren und damit den Orangensaft abbinden.

Zutaten Anrichten

Granatapfelkerne

Anrichten

1 Kugel Mandarineneis in die Tellermitte setzen. Das Mousse mit einem Löffel zu Nocken formen. Jeweils 1 Nocke rechts und links vom Eis platzieren. Die Mandarinenfilets und einige Granatapfelkerne dazwischen verteilen. Mit den Kokoshalbmonden und -spänen dekorieren und einem Schokoladengitter (siehe Seite 58) überziehen.

Tipp: Der Läuterzucker ist eine aufgekochte Zuckerlösung, die normalerweise zu gleichen Teilen aus Wasser und Zucker besteht. Er wird sehr gern zur Herstellung von Sorbets und zum Aromatisieren von Fruchtsalat verwendet. Das Nockenformen geht am besten, wenn man den Löffel vorher in heißes Wasser taucht.

Brin d'Amour im Strudelteig gebacken

mit eingelegten Balsamicofeigen

Brin d'Amour (»Liebeshalm«) wird in Korsika aus Schafsmilch hergestellt und ist von einer Kräutermischung umgeben, die mit der Zeit eine graue Färbung annimmt und den Geschmack maßgeblich bestimmt.

Balsamicofeigen

Die Feigen an der Spitze kreuzförmig einschneiden. Die restlichen Zutaten aufkochen und über die Feigen gießen. Nach dem Auskühlen abdecken und 1 bis 2 Tage ziehen lassen.

Käsestrudel

1 Mehl, 115 Millilter lauwarmes Wasser und Öl zu einem Teig verarbeiten und gut durchkneten. Zu einer Kugel formen, in Klarsichtfolie wickeln und 1 Stunde an einem warmen Ort ruhen lassen.

2 Den Teig auf einer bemehlten Fläche ausrollen und über dem Handrücken so dünn wie möglich ausziehen. Ränder, die zu dick sind, abschneiden. Die Teigfläche in 4 Rechtecke schneiden.

3 Die Knoblauchzehe abziehen und durch die Presse drücken. Die Kräuter hacken, mit Knoblauch und Olivenpaste vermischen und auf die Käsescheiben streichen.

4 Den Backofen auf 180 °C (Gas Stufe 2–3, Umluft 160 °C) vorheizen. Die Strudelteigplatten mit der flüssigen Butter bepinseln und die Käsescheiben darin einwickeln. Das Olivenöl erhitzen und die Käsestrudel darin auf beiden Seiten kurz anbraten. Im heißen Ofen in 5 Minuten fertig backen.

Anrichten

Jeweils 1 Feige auf einen Teller setzen. Die Balsamicomarinade aufkochen, mit etwas Speisestärke binden und zu den Feigen geben. Den Käsestrudel anschneiden und neben die Feige setzen.

Zutaten Käsestrudel

230 g Mehl und Mehl zum Ausrollen

30 g Pflanzenöl

1 Knoblauchzehe

1 Zweig Rosmarin

1 Zweig Thymian

etwas grüne Olivenpaste (Tapenade)

4 Scheiben Brin d'Amour à 80 g

flüssige Butter zum Bestreichen

2 EL Olivenöl

Zutaten Balsamicofeigen

4 reife Feigen

200 ml Brühe (siehe Grundrezepte Seite 164)

50 ml Balsamicoessig

100 ml Johannisbeersaft

3 EL Waldhonig

Saft und abgeriebene Schale von 1 Orange

3 Sternanis

Zutaten Anrichten

2 TL Speisestärke

Grundrezepte

Zutaten Kalbsfond (Braune Saucengrundlage) ergibt ca. 1,5 Liter

0,1 l Öl
2 kg Kalbsknochen fein gehackt
2 große Zwiebeln
3 Möhren
2 Stangen Lauch
100 g Sellerie
80 g Tomatenmark
0,6 l Rotwein
8 Pfefferkörner
1 Lorbeerblatt
5 Zweige Thymian
Salz, Pfeffer
2 l Wasser
2 EL kalte Butter

Kalbsfond

1 Öl in einem Schmortopf erhitzen. Die Kalbsknochen von allen Seiten braun anbraten. Das Gemüse fein würfeln, zu den Knochen geben und unter Rühren ebenfalls braun anbraten.
2 Dann das Tomatenmark zugeben, anrösten und mit einem Teil des Rotweines ablöschen. Die Gewürze zugeben und den Rotwein einkochen lassen.
3 Wenn der Rotwein fast verkocht ist, das Wasser zugeben und die Sauce 2 bis 3 Stunden bei geringer Hitze einkochen lassen. Die Sauce durch ein Sieb abgießen und den Fond mit der Butter binden.

Zutaten Fischfond ergibt 3 Liter

5 l Wasser
1,5–2,5 kg Fischkarkassen
30 g Meersalz
3 cl Pernod
3 cl Estragonessig 6 %
3 cl Nolly Prat
0,5 l Weißwein
ca. 5 zerdrückte Körner Fenchelsamen
ca. 10 zerdrückte Körner weißer Pfeffer
2 Lorbeerblätter
1 Zwiebel
1 Lauchstange
1/2 Sellerieknolle

Fischfond

1 Die Karkassen über Nacht wässern. Am nächsten Tag groß zerkleinern und mit kaltem Wasser bedeckt aufkochen.
2 Den Schaum abschöpfen und die Hitze reduzieren. Alle restlichen Zutaten hinzugeben – das Suppengemüse entsprechend putzen und grob zerkleinern – und 20 Minuten bei schwacher Hitze ziehen lassen.
3 Durch ein Passiertuch (Küchenhandtuch) gießen und abtropfen lassen. Nach dem Abkühlen in kleinen Portionen einfrieren. So hat man ein paar Monate einen kleinen Vorrat aus dem sich schnell eine hervorragende Fischsauce zaubern lässt.

Zutaten Geflügelfond ergibt 3 Liter

1 Suppenhuhn
2 Gemüsezwiebeln
4 Möhren
1 kleiner Sellerie
2 Lauchstangen
5 l Wasser
1 Bund Petersilie
6 Pfefferkörner
2 Lorbeerblätter
4 Pimentkörner

Geflügelfond

1 Das Suppenhuhn zusammen mit dem gewaschenen und klein geschnittenen Gemüse in einen ausreichend großen Topf geben. Diesen mit 5 Liter kaltem Wasser auffüllen und langsam zum Kochen bringen. Der Schaum und das Fett, das sich beim Kochen bildet, abschöpfen.
2 Nach dem Aufkochen die Hitze reduzieren und 1/2 Stunde ziehen lassen; immer wieder abschöpfen. Dann die Petersilie und die Gewürze zugeben und nochmals 1 Stunde bei schwacher Hitze ziehen lassen.
3 Den Fond durch ein Sieb abgießen und abschmecken. In kleinen Portionen einfrieren.

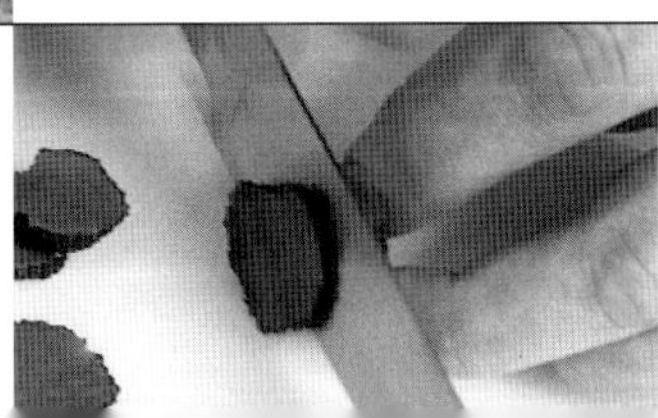

Zutaten Strudelteig

230 g Mehl
115 g lauwarmes Wasser
30 ml Öl
etwas flüssige Butter

Strudelteig

Mehl, Wasser und Öl zu einem glatten Teig vermengen und diesen gut kneten. Den Teig in Frischhaltefolie verpackt 1 Stunde an einem warmen Ort ruhen lassen. Dann den Teig auf einer bemehlten Fläche ausrollen, mit den Handrücken unter der Teigplatte ziehen bis man nahezu durchschauen kann. Die noch dicken Ränder abschneiden. Die Teigplatte in 4 rechteckige ca. DIN A4 große Blätter schneiden.

Zutaten Tempurateig

200 g Reismehl
0,2 l Weißwein oder Sake
2 EL Pflanzenöl
2 Eier
Zucker
Salz

Tempurateig zum Ausbacken in Öl

Reismehl, Sake, Pflanzenöl und Eier vermischen, zu einem glatten Teig verrühren und mit Zucker und Salz würzen.

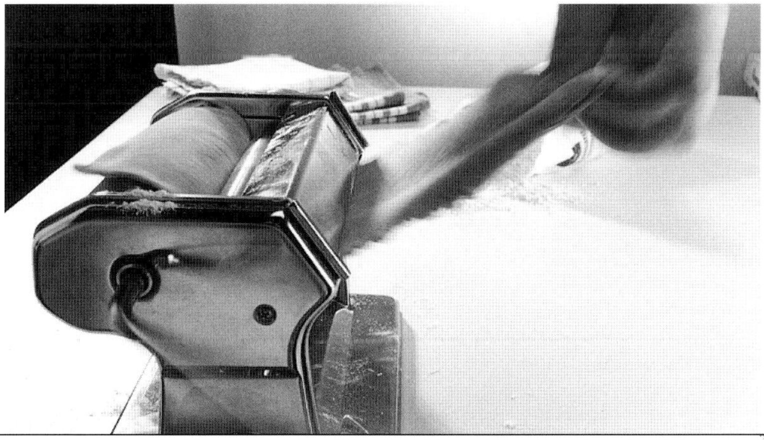

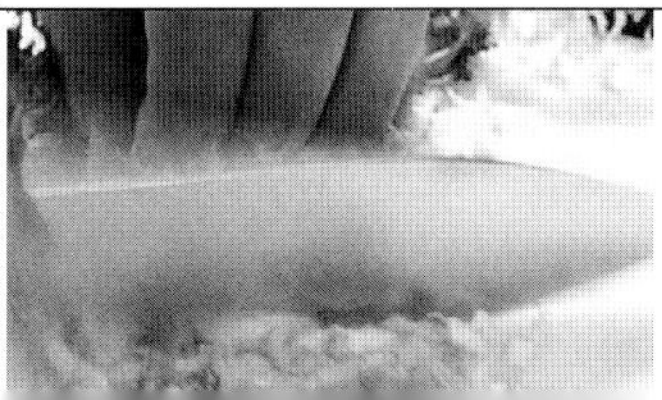

Rezepteregister

Impressum

Die Autoren

Andreas Janke entdeckte schon früh seine Liebe zum Kochen: Als Kind stand er bereits an Mutters Herd und experimentierte mit Lust und Leidenschaft. Sein Mentor, Rudolf Stöber, der sein Ausbilder im Restaurant Stöber in Heilbronn war, förderte das Talent und schickte ihn auf zahlreiche Jugendwettbewerbe. Nach Stationen im Freiburger Colombi Hotel und im Schloßbergrestaurant Dattler begnann Andreas Janke im Restaurant Graf Zeppelin in Stuttgart als Chef-Saucier. Momentan absolviert er die Hotelfachschule in Heidelberg.

Timo Harnischs Werdegang führte über einige Irrungen und Wirrungen zur hohen Gastronomie: Erst im 2. Jahr seiner Ausbildung entdeckte er die wahre Passion für seinen Beruf. Dann gab es allerdings kein Halten mehr. Stationen als Chef de Partie im Hotel Zum Römer und im Hotel Graf Moltke waren die Vorbereitung auf den Sous-Chef im Landhotel Spornitz, Chef de Partie im Steigenberger Max Resort Rügen und und im Restaurant Graf Zeppelin in Stuttgart. Dort lernte er seine Kollegen kennen, mit denen zusammen er dieses Buch schrieb.

Andreas Wunsch hat bereits eine ganze Reihe an Küchenstationen hinter sich: Die wahre Faszination an der gehobenen Küche stellte sich schon frühzeitig im Waldhotel Krautkrämer in Münster ein. Dann ging es ins Carlton Tivoli nach Luzern, ins Tschuggen Grand Hotel nach Arosa, um sich dann in die Schule von Küchenmeister Harald Wohlfahrt zu begeben. Die nächsten drei Jahre verbrachte er im Bamberger Reiter bei Frank Raneburger in Berlin. Zahlreiche hoch bepunktete und mit Sternen versehenen Restaurants folgten. 1996 absolvierte er seine Küchenmeisterprüfung. Als Küchenchef im Restaurant Graf Zeppelin erkochte er sich mit Andreas Janke und Timo Harnisch gleich 15 Gault-Millau-Punkte. Nach seiner Idee Köstliche Saisonküche begannen unsere drei Kochfreunde im Januar 2000 mit den Recherchen. Aktuell steht Anndreas Wunsch für Daimler Chrysler in der Küche.

Der Fotograf

Wolfgang Feiler, gelernter Fotograf, ist seit 1976 selbstständig mit eigenem Studio in Karlsruhe. Er widmet sich hauptsächlich der Food-Fotografie. Seine Frau Christel kocht, gestaltet und dekoriert die Gerichte. Beide verbindet die Liebe zum Sammeln von Requisiten, die sie zum Teil von ihren ausgedehnten Reisen mitbringen; außerdem haben sie dank ihres großen Gartens Kräuter und Gemüse frisch auf dem Tisch.

Für dieses Buch kochten unsere drei Autoren selbst im Fotostudio.

Die Deutsche Bibliothek –
CIP-Einheitsaufnahme

Harnisch, Timo/Janke, Andreas/Wunsch, Andreas
Köstliche Saisonküche – Kochen nach den sechs kulinarischen Jahreszeiten
München: Augustus-Verlag, 2001
ISBN 3-8043-6055-6

Augustus Verlag, München 2001

Redaktion: Norbert Müller
Gestaltung: H3A GmbH, München & Hubert Mediendesign
Gestaltung Plakat: H3A GmbH, München
Layout & Satz: H3A GmbH, München
Umschlagfoto und Foodfotos: Wolfgang und Christel Feiler;
IFA/DIAF/SDP S. 142/Time Space Inc. S. 114; Hartmut Keitel S. 60; Reinhard-Tierfoto/Hans Reinhard S. 37 (2); StockFood/ Uwe Bender S. 12/Martina Meuth S. 13/S.&P. Eising S. 36, 45/Scherer S. 38/Bodo A. Schieren S.91; Studio R. Schmitz S. 58,67; Zefa/Krahmer S. 34, 39/Rossenbach S. 38/Wermter S. 62/ Masterfile S. 81/Reinhard S. 86/TH-Foto S. 111/Meyer zur Capellen S. 118
Bildnachweis – Kalender:
IFA/DIAF/SDP/Time Space Inc./Tschanz (2); Hartmut Keitel; Mauritius/Kumicak; Reinhard-Tierfoto/Hans Reinhard (2); StockFood/S.&P. Eising (3); Zefa/Krahmer/Reinhard/Wermter
Freisteller: Fotostudio Schmitz, München, und Verlagsarchiv
Litho: kaltnermedia GmbH, Bobingen
Druck und Bindung: Offizin Andersen Nexö, Leipzig

Printed in Germany

ISBN 3-8043-6055-6

Gedruckt auf elementar chlorfrei gebleichtem Papier